Læs Arabisk

en arabisk læsebog
for arabiskstuderende på alle niveauer

Gunna Funder Hansen
Saliha Marie Fettah

Læs arabisk

© Forfatterne og Syddansk Universitetsforlag 2007
Trykt af Narayana Press
Omslagsdesign af Anne Charlotte Mouret, UniSats
ISBN11 87-7674-160-5
ISBN13 97-887-7674-160-0

Syddansk Universitetsforlag
Campusvej 55
5230 Odense M

www.universitypress.dk

Indledning

Hvorfor en arabisk læsebog?

Arabisk er i løbet af de senere år blevet et stort og vigtigt sprog i Danmark – og samtidig også et stort sprogfag ved mange af landets uddannelsesinstitutioner. Stadig flere søger arabiskuddannelserne ved universiteter og aftenskoler for at lære at kommunikere på arabisk: De vil have sproglige kompetencer til fx at kunne begå sig sprogligt blandt arabiske indvandrere, følge med i arabiske nyhedsmedier eller klare basale kommunikationssituationer under rejser i Mellemøsten. Imidlertid står fremmedsprogsundervisningen i arabisk over for en række udfordringer i kraft af, at filologien – med fokus på elementer som grammatik og læsning af historisk kildemateriale – traditionelt har domineret arabiskfaget fuldstændig, mens almene kommunikative kompetencer langt hen ad vejen har været ignoreret.

At lære at læse - igen
I dag er behovet for kommunikative færdigheder hos studerende, der læser arabisk, åbenlyst. Derfor trækker undervisningen ved mange uddannelsesinstitutioner i vid udstrækning på de moderne fremmedsprogspædagogiske metoder, der er udviklet inden for de øvrige sprogfag – som fx engelsk, tysk og fransk. Imidlertid har arabiskstuderende nogle særlige behov, der ikke i tilstrækkelig grad tilgodeses i den generelle sprogpædagogik – og i den forbindelse står undervisningen i *læsefærdighed* helt centralt.

Nyere forskning på området har afdækket, at det fremmede skriftsystem udgør en særlig barriere for at blive en kompetent læser på arabisk, når ens modersmål er baseret på det latinske alfabet, og det arabiske skriftsystem først tilegnes i voksenalderen.

Når man som voksen skal lære at læse på et sprog, der anvender et andet skriftsystem, end det man lærte at læse på som barn, skal man nemlig på sin vis lære at læse igen. Selvfølgelig er der nogle helt centrale forskelle: Mens barnet i 1. klasse først og fremmest skal lære at "knække læsekoden", er den voksne arabiskstuderende fuldt ud bekendt med det alfabetiske princip og kan fra begyndelsen gå analytisk til opgaven med at sammensætte enkeltlyde til ord. Til gengæld er den 6-årige normalt helt fortrolig med sproget i dets mundtlige form, mens den arabiskstuderende må manøvrere ud fra et begrænset ordforråd og håndtere meget fremmede grammatiske strukturer. Men ét har de til fælles: *De skal udsættes for rigtig meget tekst for at få mulighed for at oparbejde tilstrækkelige afkodningskompetencer til at opnå en fornuftig læsehastighed.*

Gode læsefærdigheder kræver nemlig, at man genkender ord automatisk, og denne automatik opnås udelukkende ved, at man læser et ord tilstrækkelig mange gange – på samme måde som når man lærer at spille et klaverstykke eller løbe på rulleskøjter: De første mange gange hutler man sig igennem, og først efter utallige forsøg opnår man den pågældende færdighed på et niveau, hvor man ikke længere tænker over, hvad man gør, men bare gør det. Først når automatiseringen således er etableret, har man tilstrækkeligt kognitivt overskud til at koncentrere sig om andet end "den tekniske side af sagen": Klaverspilleren kan variere og

Indledning

fortolke musikstykket selvstændigt, rulleskøjteløberen kan se sig for og undgå at blive kørt ned i trafikken – og læseren kan koncentrere sig om tekstens mening og indhold.

Eftersom den moderne definition på læsning er, at man ekstraherer mening fra tekst, kan man sige, at automatisk ordgenkendelse faktisk er en forudsætning for, at der overhovedet finder læsning sted.

Forskelligt tekstmateriale – forskellige læsekompetencer
De fleste arabiskstuderende har desværre ringe muligheder for at opnå tilstrækkelig automatisering til at etablere gode læsefærdigheder på arabisk. Udbudet at tekstmateriale i både lærebøgerne og den studerendes omgivelser er simpelt hen for begrænset og desuden ofte for svært. Det sidste skyldes især, at mange undervisningsmaterialer fokuserer på læsning af autentiske tekster – dvs. tekster, der er skrevet *af* arabere *for* arabere med et "ægte" kommunikativt mål for øje: De er ikke rettet mod læsere, der har arabisk som fremmedsprog. Inden for kommunikativ sprogundervisning har man nemlig generelt fokuseret på autentiske tekster som det naturlige, interessante og pædagogisk mest forsvarlige, mens simplificerede tekster beregnet på fremmedsprogslæsning har et dårligt ry – og denne tendens har efterhånden også vundet indpas i moderne lærebogsmaterialer til undervisning i arabisk.

Når man som begynder møder autentiske tekster, skal man være bevidst om, hvad man med fordel kan bruge den form for tekstmateriale til. Det er vigtigt, at man ikke har en forventning om at kunne forstå en svær tekst fra ende til anden. For det første fordi det kan være meget demotiverende at blive konfronteret med det man ikke kan: Når læseprocessen konstant bryder sammen, fordi man hele tiden møder ord, man ikke kender, skal man have et meget stålfast sind for at fortsætte og ikke bare give op. Resultatet bliver derfor ofte, at man ikke får læst noget overhovedet. Samtidig viser en række undersøgelser, at de ordbogsopslag man måtte lave undervejs, kun sjældent giver resultat: Hvis ikke man systematisk møder de nye ord igen og igen i andre sammenhænge, glemmer man dem hurtigt, og så har man lavet de mange opslag til ingen verdens nytte.

Er man begynderlæser på arabisk, er der altså ingen grund til at kaste sig ud i arabiske murstensromaner – det kan faktisk kun være kontraproduktivt. Derimod kan autentisk tekstmateriale, der har et genkendeligt format og indhold – som fx menukort, køreplaner eller avisens vejrudsigt – være velegnet for begyndere. Formålet med at beskæftige sig med sådanne tekster er, at man lærer at orientere sig i tekst, der som udgangspunkt kan være svær at overskue, fordi man ikke forstår ret meget, men som man med forholdsvis begrænsede sprogfærdigheder godt kan klemme mening ud af, hvis man bruger nogle simple strategier som fx at danne sig et overblik baseret på ens almene viden om den slags tekster og så koncentrere sig om overskrifter eller andre centrale tekstdele – og til en vis grad forlade sig på gætteri.

Denne tilgang til tekst træner først og fremmest én i at forholde sig til tekst, der ikke umiddelbart skaber forståelse og ekstrahere så meget mening som muligt, uden at stille krav til at man forstår teksten fra ende til anden – og det er en vigtig færdighed at mestre, når man skal ud i "den virkelige verden". Teknikken er god, fordi den kan kompensere for manglende læsefærdigheder,

Indledning

men den imødekommer ikke behovet for at læsetræne med henblik på at opnå automatisering.

Når målet er etablering af automatisk ordgenkendelse, er det derimod helt nødvendigt, at man læser tekster, som man rent faktisk forstår. Når man læser på et fremmedsprog, vil man selvfølgelig uvægerligt støde på ord, man ikke kender, og hvis det kun er enkeltord, vil man ofte kunne gætte sig frem på baggrund af konteksten. Men det er vigtigt at holde sig for øje, at hvis man ønsker læsetræning med henblik på at opnå automatisering, er den bedste metode at anvende letforståelige tekster, hvori kun et minimum af ord er ukendte.

Læs arabisk
Hidtil har tekster, der ud fra disse kriterier henvender sig til begynderlæsere på arabisk, været ret vanskeligt tilgængelige for både undervisere og studerende, da de få tekster af denne art, der findes, er spredt i forskellige lærebogsmaterialer. Som anført fokuserer de kommunikativt rettede undervisningsmaterialer i vid udstrækning på anvendelse af autentiske tekster, og samtidig har mange traditionelle lærebøger, der ikke lægger vægt på teksternes autencitet, en tendens til at gøre læsestykker til udgangspunkt for træning af alle former for sproglige kompetencer, dvs. både læsning, grammatik, ordforråd, kultur etc.

Sådanne pædagogiske metoder tilgodeser ikke det behov, man som arabiskstuderende – der skal tilegne sig læsefærdigheder på et helt nyt skriftsystem – har for at koncentrere sig om læsningen som en selvstændig kompetence.

På den baggrund er formålet med denne bog at tilbyde arabiskstuderende en arabisk tekstsamling, der imødekommer behovet for udvikling af de forskellige former for læsekompetencer – med særligt fokus på at tilvejebringe et lettilgængeligt udvalg af meget lette arabiske tekster, der giver mulighed for målrettet at træne *automatisering*. Studerende kan afhængigt af deres sproglige niveau udnytte de forskellige tekster med henblik af forskellige former for læsekompetencer. I det følgende gives en udførlig vejledning i hvordan.

Vejledning

Få optimalt udbytte af læsningen

Teksterne i denne bog henvender sig til et bredt udsnit af studerende, og næsten uanset hvilket sprogligt niveau, man som udgangspunkt har, vil teksterne kunne danne grundlag for en varieret læsetræning. I det følgende gives en vejledning i, hvordan man kan anvende bogens tekster til at træne forskellige former for læsekompetencer, som alle er centrale for, at man får mulighed for at udvikle sig til en kompetent læser på arabisk som fremmedsprog.

Bogen består af arabiske læsetekster på tre forskellige niveauer, som omfatter forskellige tekstgenrer – herunder små personhistorier, korte landebeskrivelser samt enkelte breve, hvilket har til formål at give læseren indblik i et varieret udvalg af forskellige skriftlige stilarter. Teksterne er som udgangspunkt udarbejdet, så de i ordforråd og indhold lægger sig op ad progressionen i lærebogsserien "Al-kitaab fii ta'allum al-arabiyya". Men eftersom det basale ordforråd er ret ensartet i de mest anvendte kommunikativt baserede undervisningsmaterialer, kan den naturligvis også sagtens supplere andre lærebogssystemer.

Niveau 1
Bogens tekster på niveau 1 er alle korte og overskuelige, og fuld forståelse af de første af dem kræver blot et helt basalt ordforråd,

der som oftest vil være etableret på det tidspunkt, hvor den grundlæggende bogstavgenkendelse, som overhovedet muliggør læsning på arabisk, er på plads. Af samme grund kan emnerne synes en smule ensartede og trivielle. Dette er imidlertid ud fra de givne forudsætninger et vilkår, eftersom det primære formål med de letteste tekster netop er, at de er lette. For nybegyndere vil disse tekster således være oplagt materiale for læseøvelser, der har til formål at træne den basale og *umiddelbare visuelle genkendelse* af det kendte ordforråd.

For blot lidt mere øvede læsere er teksterne på niveau 1 tilstrækkelig lette til, at de kan danne grundlag for egentlige øvelser med henblik på at opøve en *højere læsehastighed*: Gentagne læsninger af den samme tekst – gerne på tid – er en gennemprøvet metode til at opnå automatisering. Også hvis man har ret velfunderede sproglige kompetencer på arabisk, kan sådanne tekniske læseøvelser give gode resultater.

Niveau 2
Teksterne på niveau 2 er lidt længere og lidt mere varierede i emnevalg, men holder en ret stramt styret udbygning af det tidligere anvendte ordforråd. Som sådan er de oplagt læsestof for studerende på det lidt mere avancerede begynderniveau, som har fået etableret det basale ordforråd, der vedrører fx dagligliv, job, familierelationer, ugedage, årstider etc.

Mere øvede læsere kan anvende teksterne på niveau 2 til *ekstensiv læsning* – dvs. afslappet, ukompliceret og helst lystbetonet læsning, der på ingen måde involverer sproganalytiske overvejelser undervejs. Ekstensiv læsning er særlig værdifuld, fordi man under denne form for læsning udvikler alle de generelle læsekompetencer og samtidig levnes kognitivt overskud til at opsnappe betydningen af eventuelle nye ord og sproglige strukturer. Korte og simple tekster som disse animerer ganske vist kun i begrænset omfang til egentlig hyggelæsning, men det faktum, at man som læser formår at afkode tekst, der for de fleste i ens omgangskreds ligner kruseduller, kan i vidt omfang kompensere for teksternes beskedne skønlitterære kvaliteter, når det kommer til behovet for at finde motivation til at læse ekstensivt.

Teksterne på niveau 2 kan for øvede læsere og læsere på mellemniveau også anvendes til at træne automatisering og læsehastighed efter samme retningslinjer som beskrevet ovenfor.

Niveau 3
På niveau 3 er teksterne mere forskelligartede og udfordrende og kan for begyndere udelukkende anvendes som udgangspunkt for træning af *topstyret læsning*, hvor man i forholdsvis højt tempo laver en gennemlæsning, noterer sig det ordforråd man er bekendt med og så vidt muligt danner sig en ide om tekstens indhold. Ved topstyret læsning bør læseren under ingen omstændigheder have en forventning om fuld forståelse af teksten – formålet er udelukkende, at man bringer sine forholdsvis beskedne sproglige kompetencer i spil med henblik på at danne sig et indtryk af, hvad teksten handler om. Dette er en væsentlig øvelse, der træner en i at håndtere situationer, hvor der forekommer sprog, man ikke umiddelbart forstår.

Studerende på mellemniveau vil finde teksterne tilgængelige, men vil formentlig støde på en del ukendt ordforråd, som dog ikke vil stå i vejen for en god, generel tekstforståelse. Sådanne læsere anbefales at modstå en eventuel trang til at foretage ordbogsopslag men derimod udnytte muligheden for kombinere den forholdsvis sikre sprogforståelse med teknikkerne fra den topstyrede læsning og på den baggrund skabe sig et billede af teksternes indhold.

Emnerne er på niveau 3 mere indholdstunge – nogle af dem især informative, andre mest underholdende – og øvede og ordforrådsmæssigt velfunderede læsere vil dermed finde dem velegnede til ekstensiv læsning.

Links til arabisksprogede internetsider
Ud over samlingen af tekster på de beskrevne tre niveauer indeholder bogen en samling af links til arabisksprogede internetsider – dvs. autentiske tekster, der i praksis kan fungere som niveau 4 og således anvendes til træning af topstyret læsning for læsere på stort set alle færdighedsniveauer.

Hvis du i Internet Explorer oplever problemer med visning af arabisk skrift, kan tegnsætning indstilles under vis\tegnsæt\flere, hvor du eksempelvis kan vælge 'arabisk til Windows'. Er teksten meget lille og utydelig, kan størrelsen i Explorer reguleres under vis\tekststørrelse eller med rullemus ved at holde ctrl.-knappen nede og dreje på rullehjulet.

God fornøjelse med læsningen!

الجرائد:

الأنوار	من لبنان : http://www.alanwar.com/ar/
الأهرام	من مصر : http://www.ahram.org.eg/
الأيام	من بحرين : http://www.alayam.com/
الأيام	من فلسطين : http://www.al-ayyam.com/
الأيام	من يمن : http://www.al-ayyam.info/
الحياة	من بريطانيا : http://www.alhayat.com/
الجزيرة.نت	من قطر : http://www.aljazeera.net/
الخبر	من الجزائر : http://www.elkhabar.com/accueil/
المستقبل	من لبنان : http://www.almustaqbal.com/
القبس	من كويت : http://www.alqabas.com.kw/
القدس	من فلسطين : http://www.alquds.com/
الصبّار	من فلسطين : http://www.alsabar-mag.com/
السفير	من لبنان : http://www.assafir.com/
الشرق الأوسط	من بريطانيا : http://www.aawsat.com/
الوطن	من عمان : http://www.alwatan.com/
الوطن	من أمريكا : http://www.watan.com/
الوفد	من مصر : http://www.alwafd.org

عناوين الإنترنيت

الأدب:

ركن الأدب (كثير من القصص القصيرة والشعر والنصوص للأطفال والشباب):
http://www.arabworldbooks.com/Literature/literature.html

إتحاد الكتاب العرب (القصص و الشعر و المسرح والأدب للأطفال الخ.):
http://www.awu-dam.org/index-book.htm

شبكة القصة العربية (موقع القصة العربية الخاص بنشر النصوص القصصية):
http://www.arabicstory.net/index.php

المقالات و النصوص النثرية:

ركن المقالات (مقالات سياسية عن مثلاً العلاقة بين الشرق الأوسط والغرب):
http://www.arabworldbooks.com/articles.html

بعد ساعات وصلت إلى الخيمة التي يسكنها حمور و عائلته مع العشيرة... خيمة طويلة مصنوعة من شعر الماعز الأسود و حول الخيمة جبال من الشوك البري لحماية ساكنيها من الحيوانات المفترسة و صد الغبار و الرياح الباردة و الرمال المتحركة. و الخيمة مفروشة بالسجادات الفاخرة المصنوعة يدويا و في وسطها موقد النار حيث يتجمع الرجال لتناول الأحاديث و سماع القصص و شرب القهوة الطازجة و التدخين، بينما تقوم المرأة بكل أعمال البيت من حلب الخراف و الماعز و الناقة و جلب الحطب و الأشواك لعمل الخبز في التنور وطبخ الطعام. و قسم من الخيمة فهو لنوم أفراد الأسرة و قسم آخر مطبخ للعائلة.

في الليل نامت تحت السماء الزرقاء و شاهدت النجوم تملا السماء الصافية. وفي اليوم الثاني أهدت جميع ملابسها إلى زوجة حمور التي فرحت بها كثيرا و بالمقابل أهدى لها حمور بساطا صنعته زوجته بيديها و لا يزال هذا البساط مفروشا في بيتها. إنه أجمل هدية في حياتها، تذكرها بالأوقات الجميلة التي قضتها في ضيافة البدو في صحراء العرب.

يوم في حياتي

جلستْ في السيارة القديمة مثل بقية الركاب و هي تلبس العباءة السوداء الطويلة و لو لا ملامح وجهها الأبيض و عيونها الزرقاء ما عرف أحد أنها غير عراقية. قرأت كثيرا في الكتب التاريخية و الجغرافية عن صحراء العرب و عن حياة البدو و عيونهم السوداء الواسعة و بشرتهم السمراء. إنها فرصة الحياة لتعيش تجربة مع البدو في الصحراء بين العراق و السعودية.

في الطريق من بغداد إلى صحراء الناصرية مرت السيارات بمدينة بابل الأثرية على نهر الفرات هنا مات الإسكندر المقدوني بعدما أحتل الشرق كله وهنا كانت إحدى عجائب الدنيا السبع حدائق بابل المعلقة. و بابل عاصمة نابونيد أخر الملوك البابليين الذي ترك قصورها و هاجر إلى الصحراء ليموت وحيدا فيها. اتجهت السيارة مسرعة باتجاه الجنوب تاركة خلفها البيوت والمزارع و الناس وظهرت الصحراء بلون الرمال وقفت السيارة في آخر قرية على أطراف الصحراء وعليها أن تكمل المسافة مع مضيفها البدوي إمّا مشيا على الأقدام أو تركب الحمار فاختارت المشي.

طريق ترابية غير مبلطة و سيارات قديمة و أصوات المحرك المزعجة. انه اليوم الأول للمعلم في حياته العملية بمدرسة ابتدائية في الريف.

استيقظ المعلم من نومه على أصوات الأطفال الصغار و هم يستقبلون العائدين من المدينة. استقبله مدير المدرسة و أصطحبه إلى بيت طيني صغير. دخل البيت المكون من غرفتين، فهنا سيسكن في إحدى الغرف مع معلمين آخرين.

نظر من النافذة و لم يصدق المنظر الذي أمامه، نهر كبير يتلوى كالأفعى في واد أخضر ملئ بالأشجار و جبال على الضفة الأخرى من النهر وكأنه لوحة رسمت بريشة فنان. كان حلمه أن يعيش في بيت يشرف على طبيعة خلابة كهذه.

من يوميات معلم في الريف

لم ينم المعلم كل الليل. جاء الصباح و استلم أوراق تعيينه كمعلم مدرسة ابتدائية في قرية بعيدة عن مركز المدينة. يجب عليه قضاء ثلاث سنوات في الأرياف قبل أن يحق له الانتقال إلى مدرسة قريبة من المركز. أعاد ترتيب ملابسه للمرة الثالثة في الحقيبة الجلدية الكبيرة و تأكد من وجود ملابس الرياضة و أواني الطبخ و السكاكين و الملاعق. و أخيرا سينتقل من ضجيج المدينة إلى هدوء الطبيعة و من الهواء الملوث الخانق إلى النقاء و الصفاء حيث الحقول الخضراء و بساطة الحياة الريفية. ظلت الأحلام و الآمال تراوده وتبعد عنه النوم... نهض في الصباح الباكر فحمل أمتعته الشخصية مسرعا.

ذهب المعلم إلى محطة النقل، فرأى السيارات الخاصة التي تنقل الفلاحين و بضائعهم كل صباح إلى المدينة. و بعد بيعها في سوق المدينة يقوم الفلاحون بشراء ما يحتاجون إليه، فتعود السيارات بركابها إلى القرية بعد الظهر. هناك يكون الأطفال و الشيوخ باستقبال أهلهم المحملين بالهدايا و الحلوى. سارت السيارة المحملة بالبشر و الحيوانات و الفواكه و الخضر بطيئة باتجاه القرية، فالغبار يملا الجو و صوت الفلاحين مرتفع لا ينقطع و رائحة الدخان تخنق صدور الركاب.

ذكريات مهاجر

جلس فارس قرب النافذة ينظر من خلال الزجاج إلى طيور النورس البيضاء تبحث عن طعام أو قطعة خبز بين الثلج الذي غطى كل شئ في الخارج. الغيوم السوداء تغطي السماء يوم كئيب آخر يمر على فارس في الغربة بعيدا عن وطنه و مدينته بغداد، بياض الثلج ذكره بشعر جده الذي كان يجمع الأطفال حوله أيام الشتاء البارد و يقص عليهم القصص بينما يسخن القهوة على النار. سمع فارس قصص ألف ليلة و ليلة من جده و مغامرات السندباد البحري و قصة علي بابا و الأربعين حرامي و علاء الدين و البساط الطائر.

عاد فارس بذكرياته إلى أزقة بغداد وشاطئ دجلة عندما كان يساعد أباه صياد السمك في إلقاء الشباك الفارغ ليعود مليئا بأنواع السمك و خاصة الشبوط الذي يفضله العراقيون لطعمه و مذاقه الطيب. تذكر فارس طريقة شوي السمك المسقوف في شارع أبو نواس على شاطئ دجلة ليلا و سهرات أهل المحلة في ليالي شهر رمضان فتنهد طويلا. و شعر فارس بالبرد قرب النافذة فحن كثيرا إلى شمس بلده الساطع و دفء أهله و أصحابه. مسح فارس دموعا ساخنة نزلت على خديه و عاد حزينا كئيبا في وحدته.

برحلة ممتعة إلى تونس بلد القيروان وجامعة الزيتونة وأسواقها الشعبية التي لا أنساها ورأيت المدينة العجيبة الغريبة المبنية تحت الأرض "متماته". وركبت الجمل لأول مرة وشاهدت شروق الشمس وغروبها في الصحراء وشربت القهوة العربية المرة. كما قمت بزيارة المغرب بلد الرحالة المشهور ابن بطوطة ورأيت مدينة مراكش الحمراء وساحة الفناء التي تجمع غرائب مثيرة وعبرنا جبال الأطلس الشامخة.

وجاءت أجمل رحلة لي إلى مهد الحضارات بلد الرافدين العراق حيث تعلمت اللغة العربية في جامعتها العريقة المستنصرية، وزرت أغلب مدنها من الشمال إلى الجنوب، الموصل والبصرة وأغرب بقعة على الأرض الأهوار والمستنقعات والآثار القديمة في بابل و أور و أخيرا النجف وكربلاء بقبابها الذهبية. كانت فترة لا أنساها من حياتي – أيام حلوة وأيام مليئة بالمرارة والعذاب وخاصة أثناء حرب الخليج.

وأخيرا تعرفت على البلد الذي قرأت كثيرا عنه في كتاب الرحالة المشهور كارستن نيبور اليمن – موطن البن وحضارة سبأ. تكررت زياراتي إلى اليمن. في كل رحلة تتفتح أمامي عوالم جديدة ومشاهد رائعة ومعاينة يومية أعيشها في هذا البلد بين كرم أهله وطبيعته الخلابة – ما أحلى السفر والمغامرة.

أنا رحالة

منذ طفولتي استهواني الشرق وسحره وعبق بخوره وتوابله تابعت عبر الأفلام المتحركة مغامرات سندباد وعلاء الدين فترسخ في ذهني حب استكشاف الشرق ومعرفة ما أجهل عنه وفي شبابي أقبلت بنهم على قراءة مغامرات المستشرقين والرحالة فزاد الحب ونما وجاءت اللحظة المرتقبة المناسبة لزيارة تركيا بلد الدولة العثمانية بعد أن أعددت نفسي لها بتعلم اللغة التركية التي ساعدتني كثيرا في الاختلاط بالشعب التركي والتعرف على عاداته وتقاليده وزيارة الأماكن الأثرية التاريخية وخاصة المساجد الضخمة الجميلة في استانبول و مدينة قونيا.

بعدها زرت فلسطين أرض الأنبياء والرسالات السماوية. وبلد السيد المسيح عليه السلام وتعرفت لأول مرة على العرب واللغة العربية. رأيت الكرم العربي وسحرتني سمرة البدوي وعيونه السود عند زيارتي للأردن ومشاهدة البتراء وجرش و وادي الروم.

عندما عدت إلى بلدي شعرت بالرغبة إلى العودة إلى الشرق وسحره فقررت تعلم اللغة العربية كي أتعمق وأعيش بكل أحاسيسي مع العرب. بعدها قمت

دخل الإسلام إلى العراق في سنة ٦٥٦ ميلادية و دين الإسلام هو اليوم الدين الرسمي للدولة. و توجد اليوم في مدينة بغداد و في مدينتي كربلاء و النجف وفي مدينة سامراء جوامع قديمة و جميلة جدا و التي يعود بناؤها إلى العصور الوسطى. فكانت مدينة بغداد في العصور الوسطى مركزا للعلم و الثقافة وفُتحت في سنة ١٢٢٣ ميلادية مدرسة كبيرة اسمها المستنصرية التي هي واحدة من أقدم الجامعات في العالم و دام التدريس فيها حتى سنة ١٦٣٨ ميلادية . إنّ بناية المدرسة المستنصرية القديمة لا تزال قائمة على ضفة الرصافة من نهر دجلة قرب جسر الشهداء.

في العراق أقليات مثل الأكراد و التركمان الذين يعيشون في شمال العراق من مدينة كركوك و إلى حدود تركيا و إيران، تتكلم لغتها الخاصة. بالإضافة إلى الديانات المختلفة الموجودة في العراق مثل الإسلام (الشيعي و السني) والمسيحية (مثل الكاثوليك والبروتستانت)، فهناك مذاهب مسيحية قديمة للآشوريون و الأرمن و السريان و الصابئة. وكانت سابقا في العراق أقلية يهودية كبيرة و لكن كلهم غادروا العراق بعد تأسيس دولة إسرائيل في سنة ١٩٤٨ م.

العراق

تقع جمهورية العراق في قارة آسيا. هو بلد عربي كبير و قديم. كان العراق تحت احتلال العثمانيين و بعد ذلك الإنكليز حتى سنة ١٩٣٢ حيث حصل العراق على استقلاله. يحده من الشمال تركيا و من الشمال الغربي سوريا ومن الغرب الأردن و من الجنوب المملكة السعودية و الكويت و من الشرق إيران. مساحة العراق ٤٣٧,٠٧٢ كيلومتر مربع و يبلغ عدد سكان العراق حوالي ٢٦ مليون نسمة و عاصمته مدينة بغداد التي يقسمها نهر دجلة إلى قسمين. و في العراق نهران دجلة و الفرات لذلك سمي العراق أيضا "بلاد ما بين النهرين".

يتكون العراق من ١٨ محافظة و جزء كبير من العراق صحراء حيث تعيش القبائل البدوية في بيوت من الشعر. لكن المناطق قرب نهري دجلة و الفرات خصبة صالحة للزراعة. بالإضافة إلى ذلك هناك صناعات مختلفة، و لكن قبل كل شي العراق بلد غني لأنه ثاني منتج للنفط في العالم. يعود تاريخ العراق إلى آلاف السنين قبل المسيح و مدينة بابل مشهورة جدا بسبب الحدائق المعلقة التي تعتبر من العجائب السبع. هناك أيضا باب عشتار – هي مدينة أثرية مذكورة في العهد القديم. و كان البابليون من أوائل الناس الذين قسّموا السنة إلى ١٢ شهرا و ٣٦٠ يوما.

والبيوت المتناثرة على سفوح الجبال و الأنهار الصغيرة التي تجري و تسمع خرير المياه و كأنك في حلم ... إنه حلم جميل ليتني أعيش طول حياتي هنا بين أصوات الطيور و الثلج و المطر و غناء الفلاحين و المزارعين الذي لا ينقطع ليلا و نهارا و نباح الكلاب و الحيوانات كأنها حديقة حيوانات طبيعية.

عزيزي يعقوب
ليتك معي لترى و تشاهد كل شيء بنفسك رحلة لا أنساها طول العمر.

مع التقدير و الاحترام
صديقك الوفي – عبد العزيز

رسالة من لبنان

لبنان بيروت – السبت ٢٥ / ١٠ / ٢٠٠٦

صديقي العزيز يعقوب المحترم

من جبال لبنان الشامخة من سهولها الخضراء الجميلة و من شواطئها الدافئة و من شمسها الحارة أبعث إليك أجمل و أعطر التحيات مقرونة بأطيب الأماني بالتوفيق و النجاح في حياتك.

اليوم قمنا مع مجموعة من الشباب برحلة سياحية إلى مدينة بعلبك الأثرية حيث شاهدنا معبد جوبتر حقا أنه منظر لا ينسى مغيب الشمس بين أعمدة المعبد الروماني يذكرني بقيصر و كليوباتره و كيف كانوا يعيشون في حياة جميلة.

في طريق العودة سلكنا طريق الجبال و زرنا بيت الكاتب المشهور جبران خليل جبران صاحب كتاب " النبي " من الطبيعي جدا أن يكون كاتبا و شاعرا فالطبيعة التي ولد و نشأ بين أحضانها لا توصف، الجبال تحيط بالقرية من كل جانب و منظر الوديان

جميلة عمرها خمسة عشر عاما في المرحلة الثانوية من الدراسة أحبها من كل قلبه و بادلته الحب بخجل واستحياء.

بعد ثلاث سنوات تزوج الاثنان و أنجبا طفلا و طفلة. فتيحة الشابة المثقفة الطموحة استمرت في دراستها حتى أكملت دراسة التمريض و تعينت ممرضة في أحدى المستشفيات بعدها بدأت المشاكل بين الزوجين الزوجة المثقفة والزوج الأمي الذي لا يقرأ و لا يكتب و يقضي أكثر وقته في الحانات و لعب القمار و الزوجة الصابرة التي تسهر على طفليها عشر سنوات أصبحت الحياة الزوجية بينهما جحيما.

بعد الطلاق بين الاثنين أصبحت فتيحة مسؤولة عن طفليها و أصيب حسن بصدمة عاطفية بعد الطلاق و عاش وحيدا في شقة صغيرة يشرب الخمر ليلا ونهارا و أهمل عمله ففصل من المصنع و هكذا إلى أن أصبح عاطلا عن العمل يعيش على المساعدة، من مستشفى إلى مستشفى و من سجن إلى آخر تمر الأيام على الفارس الأسمر حسن الذي غادر قريته الصغيرة في جبال الأطلس الصامدة أمام رمال الصحراء لينتقل إلى أوروبا التي أفنت مصانعها وحاناتها وخمرها شبابه ليصبح سكيرا هائما على وجهه لا يعرف الطريق إلى بيته.

تعرف حسن على سائق شاحنة تقوم بنقل الخضر من المغرب إلى أوروبا. كان السائق يحكي لحسن عن ما شاهد في أوروبا من الشوارع العريضة و البنايات العالية و المستشفيات النظيفة و حقوق الإنسان و الحرية الغير المقيدة و النساء و الخمر.

اتفق حسن مع سائق الشاحنة أن يخفيه بين صناديق الخضار و أصبح الحلم حقيقة وصل حسن إلى أوروبا و هو ابن الثامنة عشر عاما و بسرعة وجد مكانا و عملا مع من سبقوه من المغاربة في مصنع لصناعة السفن حيث أصبح بعد فترة لحاما من الدرجة الأولى و واصل حسن الليل بالنهار للحصول على ساعات عمل إضافية و تمكن من جمع مبلغ من المال ليعود إلى والديه ليساعدهم على الفقر و الجوع و المرض.

بعد سنتين من وصول حسن إلى أوروبا اشترى سيارة حديثة و ملاها بالهدايا والعاب الأطفال و الملابس و أصطحب معه صديقته تينا الشقراء الطويلة و نزل إلى مدينته بني ملال لقضاء إجازة الصيف. لحظات مليئة بالعواطف والأشواق قضاها حسن مع والده و والدته بعدها أصبح يمشي في شوارع المدينة مسرورا مع صديقته تينا صاحبة الشعر الأصفر كالذهب اللامع و انظار الشباب ترمقهم باعجاب و دهشة. في هذه المرحلة تعرف على ابنة عمه فتيحة شابة سمراء

الشاطر حسن

شاهدت دورية الشرطة كومة من الملابس ملقاة على رصيف الشارع في ساعة متأخرة من الليل. كشف الشرطي اللحاف عنه فعرفه على الفور إنه حسن الزبون الدائم لمركز الشرطة. ينام النهار كله في شقته المليئة بالمسروقات والأوساخ و في الليل يسرق ما تقع عليه يده من مأكولات و ملابس و عطور ونقود ليذهب آخر الليل إلى حانة يظل يشرب البيرة و الخمر إلى أن يسكر ولا يعرف طريق العودة إلى البيت فيفترش الأرض و شوارع المدينة. سكب الشرطي قنينة ماء على وجه حسن الذي استيقظ و نهض و هو يترنح يمينا و شمالا. أخذ الشرطي حسن إلى سيارة الدورية و أوصله إلى شقته.

والدا حسن تركا قريتهما الصغيرة في جبال الأطلس جنوب المغرب. انتقلت الأسرة إلى مدينة بني ملال بحثا عن حياة أفضل. اشتغل الوالد حمالا في سوق الخضار يساعده ابنه الصغير حسن الذي لقّب بالشاطر، لخفة يده و مهارته في إخفاء المسروقات. مرت الأيام و السنوات بسرعة. كبر حسن و كبرت طموحاته و هو يرى كل صيف المهاجرين المغاربة يقودون السيارات الحديثة ويرتدون الثياب الفاخرة وينفقون الأموال بسخاء.

والبصرة ثاني أكبر مدن العراق من حيث عدد السكان الذين يبلغون أكثر من مليون نسمة ازداد عدد السكان بعد اكتشاف البترول فيها وتوفر فرص العمل بعد بناء المصانع. في البصرة جامعة حديثة تضم كافة الأقسام العلمية والأدبية وفيها معاهد للتكنولوجيا والفنون.

تشتهر البصرة أيضا بتراثها الفني والغنائي الأصيل وخاصة رقصة الخشابة والهيوة الماخوذة من أهازيج البحارة والملاحين ورقصات فولكلورية من تراث الزنج الذين كانوا يعملون في جمع ملح الطعام من الاسباخ المنتشرة في البصرة. اجمل ما في البصرة منظر النخيل على ضفاف شط العرب والأسواق الشعبية وخاصة سوق الهنود برائحة التوابل والبهار والبخور وسوق الكويت المليء بالبضائع المهربة.

مدينة البصرة

البصرة ثغر العراق ومنفذه البحري المطل على الخليج العربي بناها القائد العربي المسلم عتبه بن غزوان في عهد الخليفة الراشد عمر بن الخطاب لتصبح بعد فترة قصيرة عاصمة الثقافة العربية الإسلامية منافسة في ذلك الكوفة وبغداد. يكفي البصرة فخرا أنها مدينة الخليل بن احمد الفراهيدي واضع علم العروض وقواعد النحو العربي، اشتهرت البصرة بكثرة الشعراء والادباء الذين انجبتهم أمثال الجاحظ وبشار بن برد وحديثا بدر شاكر السياب وكان فيه سوق سنوي يلتقي فيه الشعراء والادباء العرب من مختلف أقطارهم يسمى سوق المربد.

تقع البصرة على شط العرب المتكون من التقاء نهري دجلة والفرات تحيط بالمدينة غابات النخيل حيث يجد الزائر لسوق المدينة اصنافا متنوعة من التمر يندر وجوده في مناطق أخرى من العالم. أهل البصرة مشهورون بالكرم والانفتاح على العالم لكونها مدينة تجارية حيث تفد اليها البواخر من الهند وشبه الجزيرة العربية حاملة معها أنواع التوابل والبخور وترجع حاملة معها انواع التمور والحناء.

الرومي و البطاطس و مرق اللحم، و بعد ذلك يتناولون الرز بالحليب مع صلصة الكرز و ربة البيت وتضع لوزا كبيرا في هذه الحلاوة قبل أن تقدمها لعائلتها، و يأكل أفراد العائلة الحلاوة ببطئ لكي لا يبلعوا اللوز و الشخص الذي يحصل على على اللوز يحصل كذلك على هدية رمزية.

بعد تناول العشاء اللذيذ ترقص العائلة حول شجرة عيد الميلاد و يغنون الأناشيد الدينية التقليدية، و لكن الأطفال ليس لديهم صبر بسبب الهدايا التي يرونها تحت الشجرة و بعد الرقص و الغناء مباشرة يبدأ توزيع الهدايا المرغوبة و تنتهي هذه الليلة الجميلة.

حفلات تقليدية في الدانمرك ٢ : ليلة عيد الميلاد

الدين الرسمي في المملكة الدانمركية هو الدين المسيحي على مذهب البروتستانت منذ سنة ١٥٣٨ و لذلك يحتفل الدانمركيون بليلة عيد الميلاد كل سنة في شهر كانون الأول مثلما تفعل بقية الشعوب المسيحية في العالم.

يعتبر عيد الميلاد أبرز عيد من الأعياد الدينية بالنسبة المسيحيين الدانمركيين و يبدأ الاستعداد لهذه المناسبة المهمة في نهاية شهر تشرين الثاني حيث يزين عمال البلدية شوارع المدن بالمصابيح الملونة و يوضبون كذلك شجرة عيد الميلاد الكبيرة جدا و المزينة بالأضوية في ساحة دار البلدية، و أصحاب محلات المدينة يزينون محلاتهم بالقلوب الملونة المصنوعة من الورق و الغصون من شجرة الصنوبر. بعض المسيحيين الدانمركيين يذهبون إلى الكنيسة كل سنة في ليلة عيد الميلاد فهي ليلة الرابع و عشرين من شهر كانون الأول ليستمعوا إلى القداس و ليغنوا بعض الأناشيد الدينية، و الكنيسة تكون مزينة بسبب العيد بالغصون من شجرة الصنوبر و الشموع المشعولة.

بعد القداس في الكنيسة يجتمع المسيحيون الدانمركيون في بيوتهم ليتناولوا وجبة العشاء مع بعض، هذه الوجبة تتكون عادة من لحم الخنزير أو الديك

حفلات تقليدية في الدانمرك ١ : ليلة مورتن المقدس

في الدانمرك عادات و تقاليد مختلفة و منها الأعياد الدينية و غير الدينية. من التقاليد الغير دينية ليلة مورتن المقدس التي يحتفل الدانمركيون بها في شهر تشرين الثاني. لماذا و كيف يحتفل الدانمركيون بمورتن المقدس؟ و من هو؟

حسب الروايات القديمة كان مورتن رجل مسيحي متدين. كان يعيش في عصر الإمبراطورية الرومانية ، و في ذلك الوقت كان الدين المسيحي مازال ممنوعا في مدينة روما. يوم من الأيام كان الجيش الروماني يبحث عن المسيحيين كي يأخذهم إلى السجن و لكن لحسن الحظ هرب مورتن من الجيش في ظلمة الليل و اختبأ تحت بيت من البيوت. و لكن عندما وصل الجنود قرب البيت سمعوا ضوضاء الوزة التي كانت حارسة أمام البيت و بسبب هذا الضوضاء قرر الجيش أن يفتش الساحة وأطراف البيت و وجد الجنود مورتن المسكين المختبئ و أخذه إلى السجن حيث أعدمه. فبسبب ضوضاء الوزة عرف الجيش الروماني مكان مورتن المسيحي يعني الوزة سبب وفاته.

معظم الدانمركيون لا يعرفون هذه القصة ، ولكن كثيرا منهم يذبح و يأكل الوزة كل سنة في ليلة مورتن المقدس الذي كان من أوائل شهداء الدين المسيحي.

رمضان

رمضان شهر خاصة بالمسلمين. فهو شهر الصيام من طلوع الشمس إلى غروبها. فالمسلمون لا يأكلون و لا يشربون طول النهار. رمضان هو شهر التسامح وشهر المحبة عند المسلمين. فيقوم التجار بتوفير مستلزمات العيش والأكل والشراب الخاص برمضان.

كل بلد مسلم له تقاليد و نشاطات والعاب خاصة به. فبعد الإفطار هناك من ينصرف إلى المساجد لأداء صلاة التراويح وحضور حلقات الدروس الدينية وهناك من يسهر و يقضي الليل الطويل مع الأصدقاء و الأهل. فمثلا في شمال العراق هناك لعبة -الصينية- المكونة من احد عشر كوباً مصنوعاً من النحاس يخبأ في أحداها خاتم صغير. تدوم اللعبة طول الليل ومع آذان الفجر يتوجه اللاعبون لأكل رءوس الغنم الساخنة (الباجه) بعدها يذهبون إلى الحمام العمومي الشعبي للحصول على الاسترخاء بعد ليل طويل مرهق وممتع.

لكن الناس في أغلبية البلدان المسلمة يخرجون مع أطفالهم إلى مراكز الملاهي و الحدائق العمومية

الابتدائي. بسبب العدد الكبير من المهاجرين العرب في البلاد أصبحت اللغة العربية لغة مهمة أيضاً.

الدين الرسمي للدولة هو الدين المسيحي البروتستانتي (حوالي ٨٤ ٪ من السكان). كذلك هناك أقليات دينية كالكاثوليك و اليهود و المسلمين و غيرهم. لكن عموماً في الدانمرك الناس لا يهتمون كثيراً بمسألة الدين، و يذهبون إلى الكنيسة فقط للمناسبات المهمة.

الدانمرك

المملكة الدانمركية تقع في شمال أوروبا وهي إحدى البلدان الإسكندنافية. ثلث مساحة البلاد عبارة عن جزر و أكبر جزيرة هي شيلاند (حوالي ٧٠٠٠ كم مربع)، شبه جزيرة يولاند تشكل اليابسة و يبلغ طولها حوالي كم ٣٠٠ من الحدود الألمانية إلى البحر. مساحة الدانمرك تقريباً ٤٥,٠٠٠ كم مربع وعدد سكانها ٥,٤٣٢,٣٣٥حوالي ٥,٤ مليون نسمة.

عاصمة الدانمرك هي مدينة كوبنهاجن و هي تعتبر أكبر مدينة في المملكة ١,٢ مليون نسمة) و تشتهر المدينة بقصر الملكة و أميرة البحر و حديقة "تيفولي" وغيرها. من أهم المدن الأخرى في الدانمرك هي أرهوس و أودنسة.

نظام الحكم في الدانمرك نظام ملكي دستوري باقتراع نسبي. تشكل الحكومة من الاحزاب التي لها الأغلبية في البرلمان، ويترأسها الوزير الأول. أما الملكة ليست لها سلطة سياسية.

اللغة الرسمية في الدانمرك هي اللغة الدانمركية. أكثرية الناس في الدانمرك يتكلمون اللغة الإنجليزية لأنهم يتعلمونها في المدرسة من الصف الثالث

بقيت سميرة بجانب والدها لمدة نصف ساعة و لكنه كان مشغولا جدا بالعمل. تركت سميرة القصة على الطاولة و قالت: "سوف أذهب لأنام، و لكن عندما تنتهي من العمل أريدك أن تقرأ لي القصة حتى أسمعها و أستيقظ من النوم". قال أحمد: "إن شاء الله" و كان يعرف أنها مازالت بجانبه و لكنه لم يتكلم معها لأنه كان يكتب جملة مهمة في ذلك الوقت.

تذكر أحمد ذلك عندما شاهد الكتاب مفتوحا على نفس القصة التي كانت سميرة تريد أن تسمعها، كما تذكر كيف ماتت أمس في حادث سيارة و هي تلعب في الشارع. لذلك أخذ أحمد الكتاب من الطاولة و قرأه. كانت زوجته في غرفة النوم تلبس فستانا أسود. و قالت: "أحمد ... أحمد هل أنت مستعد للخروج ؟" لم يسمع أحمد ما قالته زوجته لأنه كان يقرأ القصة، فربما تسمع سميرة القصة ألآن و تستيقظ .

ربما في وقت آخر

كان أحمد جالسا بجانب شباك شقته يشاهد الناس الذين يمشون في الشارع مسرعين بسبب المطر. كان حلمه أن يملك منزلا لأسرته الصغيرة التي تتكون منه و زوجته و طفلته الصغيرة سميرة و أن يحصل على وظيفة مهمة في الشركة التي يعمل بها.

دخل أحمد غرفة طفلته سميرة فوجد ألعابها في كل مكان كما وجد كتاب القصص الذي اشتراه لها قبل أسبوع. عندما شاهد الكتاب تذكر أحمد ما حدث. في ذلك المساء، رجع أحمد من العمل متأخرا و كان مشغولا جدا ويريد أن يكتب موضوعا مهما عن مستقبل الشركة التي يعمل بها. فإذا كان الموضوع الذي يكتبه جيدا، سيحصل على وظيفة أحسن في الشركة.

في ذلك الوقت جاءت سميرة و طلبت منه أن يقرأ لها قصة من الكتاب. فقال لها: "والدتك سوف تقرأ لك هذه القصة". قالت سميرة: "أمي مشغولة بشغل البيت، هل تستطيع أن تقرأ لي القصة يا أبي؟" قال أحمد: "ربما في وقت آخر، أنا مشغول الآن بالعمل".

الصوت؟ هل هذا من الممكن؟" لقد طلع جني صغير لونه أزرق من الإبريق ونظرت فاطمة إليه خائفة.

"مرحبا" قال الجني   "لا تخافي مني يا عزيزتي، أنا جني الإبريق وسأحقق كل ما تطلبين في حياتك اليومية من اليوم إلى الأبد". فكرت فاطمة قليلا فقالت: "أنا أكره شغل البيت و أكرهه أكثر من كل شئ و لهذا أطلب منك يا جني الإبريق أن تصبح جني البيت اعتبارا من اليوم".

و كان الجني المسكين يعمل من الصباح إلى الليل في بيت فاطمة   يطبخ ويغسل الملابس و يكنس الأرض بينما فاطمة تجلس و تقرأ في كتابها فقط، ولكن أصبحت حياة الجني جحيما بسبب شغل البيت و هو دائما يشتكي ولا أحد يسمع كلامه. كل يوم ينظر إلى فاطمة و هي تجلس و تقرأ في كتاب "ألف ليلة و ليلة" و هو يكره هذا الكتاب من كل قلبه على الرغم من أنه جزء منه. أحيانا يقول الجني لفاطمة: "يا فاطمة لماذا تقرئين كثيرا؟ ألا تعرفين أن الأدب ليس له مستقبل؟". لكن فاطمة لا تسمع كلامه لحسن الحظ لأنها لا تجد في الثقافة العربية أحسن من الأدب و القصص القديمة التي تحتوي على مغامرات الناس و الجن.

جني بدون حظ

كانت فاطمة جالسة وحيدة في غرفتها ليلة الجمعة و هي تقرأ كتابا عنوانه "ألف ليلة و ليلة" الذي اشترته في اليمن حيث كانت تدرس اللغة العربية خلال عطلتها الصيفية الماضية.

القصة كانت مثيرة جدا و فاطمة ظلت جالسة إلى منتصف الليل و هي تقرأ عن مغامرات سندباد و علي بابا و الأربعين حرامي وعلاء الدين و الجني وغيرهم، فعندما نامت فاطمة وضعت رأسها على كتابها و حلمت عن المصباح السحري الذي كان يلعب دورا كبيرا في القصص، المصباح السحري هو مثل ما تعرفون بيت الجني الذي يحقق مطالب الناس الموجودين في قصص" ألف ليلة و ليلة".

استيقظت فاطمة في الساعة الثامنة صباحا يوم السبت و قبل خروجها من البيت شربت الشاي و قرأت الجرائد كالعادة و لكن ذلك اليوم حدث شئ غريب: لما جلست فاطمة في مطبخها سمعت صوتا غريبا من إبريق الشائ، خافت فاطمة و سألت نفسها و هي متعجبة: "ما هذا؟ من هذا؟ من أين هذا

جاؤوا من الشرق الأوسط والأندلس باسبانيا. فالعرب الذين هاجروا من اسبانيا قد جاؤوا بثقافة جديدة و عقلية متفتحة عن العقلية العربية المحلية بحكم التطور الثقافي الذي عاشوه في اسبانيا. كذلك هناك الثقافة البربرية التي هي الثقافة الأصلية لكنها عرفت نوعا من النسيان بعد الفتوحات الإسلامية. كل هذا الاختلاط قد شكل حضارة مغربية خاصة. ففي مدينتي مراكش و فاس يمكن ملاحظة هذه الثقافة و الحضارة القديمة. و عموما فان المغرب قد تأثر بكثير من الثقافة الأوربية عن طريق الاحتلال الأسباني و الفرنسي و البرتغالي.

بجبال الأطلس. "تاريفت"، توجد بجبال الريف في شمال المغرب. و"تاشلحيت"، توجد في الجنوب بمناطق سوس. اللغة الأجنبية الأولى هي الفرنسية كذلك هي لغة المثقفين.

المنهج السياسي بالمغرب هو ملكي دستوري. الحكومة تشكل من أغلبية البرلمان لكن الملك مازال يحتفظ ببعض الوزارات المهمة مثل وزارة الخارجية والداخلية و الشؤون الدينية و العدل. المغرب مازال في حرب منذ أكثر من ٣٠ سنة في الصحراء الغربية مع البوليساريو وهذه الحرب هي من أكبر أسباب المشاكل الاقتصادية التي خلّفت مشاكل اجتماعية وإنسانية بالمغرب. على المستوى الخارجي كانت هذه الحرب أيضاً قد سببت مشاكل مع البلدان الأخرى في المنطقة، خصوصاً الجزائر.

يعتمد المغرب من الناحية الاقتصادية على موارد أساسية كالفلاحة و صيد السمك، و المغرب يُعتبر أكبر مُصَدِّر للفوسفات في العالم. كذلك هناك صناعات تقليدية مغربية معروفة عالميا.

المغرب بلد سياحي و ثقافي نظرا لموقعه الجغرافي و التاريخي. فالمغرب عرف هجرات متنوعة و مختلفة. فهناك الآثار التاريخية للرومان و المسلمين اللذين

المملكة المغربية

يقع المغرب في شمال غرب إفريقيا. في شماله البحر الأبيض المتوسط. في الجنوب موريتانية. في الشرق الجزائر. و في الغرب المحيط الأطلسي. مساحة المغرب تقدر بحوالي ٧٠٦,٥٥٠ كيلومتر مربع. فهو بلد سياحي. فيه كل أشكال الطبيعة. فهناك الجبال (جبال الأطلس و جبال الريف) و منطقة شاطئية طويلة جدا و في الجنوب الصحراء. في شمال المغرب مازالت اسبانيا تحتل مدينتين هما سبته و مليلية.

عدد سكان المغرب في سنة ٢٠٠٠ بلغت ٢٦,١ مليون نسمة. عاصمة البلد هي الرباط، و لكن أكبر مدينة هي مدينة الدارالبيضاء. هي مدينة صناعية كبيرة، عدد سكانها يزيد عن ٣ ملايين. فالدارالبيضاء هي مدينة حضارية و عصرية. سكانها يعيشون حياة أوربية تقريبا. فالناس يتكلمون باللغة الفرنسية و هم في اتصال دائم مع الغرب.

المغرب بلد مسلم سني تقريبا ٩٨,٧٪. و اللغة الرسمية هي اللغة العربية. يتكلم معظم المغاربة اللغة العربية باللهجة المغربية ولكن هناك أيضا اللغة البربرية يتكلمها تقريبا ٤٠٪. اللغة البربرية تضم ثلاث لهجات: "تامزبغت" و توجد

الجزء الثالث

الحب

الحب نعمة الحياة وعندما نسمع كلمة الحب نفكر أولا بالحب بين الناس كالحب العاطفي، أو حب الأم لأطفالها. وهناك من يفكر في حب الإنسان للحياة و المال أو إلى الوطن.

وتحدث الأدب و الشعر عن أنواع من الحب الذي لا يفكر الناس فيه كثيراً: مثل حب الفلاح الأصيل الذي تتعب يداه و رجلاه، يحرث ويزرع ويحصد الحقول، يذهب مع طلوع الشمس إلى الحقل وعند الغروب يعود إلى الضيعة ووجهه يفيض فرحا ورضا.

والحب هو أيضا الإرادة الصلبة لدى كل إنسان لتحمل التعب والشقاء والصبر الذي لا ينتهي من اجل الوصول إلى غاية نبيلة وشريفة في الحياة. والحب هو المعلم الذي يعطي بدون مقابل. فلا يرتاح له بال ولا يشعر بالراحة إلا إذا بنى العقول و النفوس.

ولهذا نقول أن الحب هو أساس الحياة و بدون الحب لا توجد حياة.

الناس و لذلك تعرفت على صديقات عراقيات كثيرات و كنت أمارس اللغة العربية خلال علاقتي وكلامي معهن.

بعد رجوعي إلى الدانمرك درست اللغة العربية سنة واحدة فقط في جامعة جنوب الدانمرك وبفضل الله و مساعدة صديقاتي العرب نجحت في الامتحان بتقدير جيد جدا. و لكن في الدانمرك ما وجدت الفرصة لأتكلم اللغة العربية كثيرا و لذلك قررت أن أدرس اللغة العربية في اليمن ودرست ما يقارب ٦ شهور و تعلمت كثيرا من الأساتذة اليمنيين و خلال علاقتي الاجتماعية وكلامي مع الناس.

وما رأيك؟ هل أتكلم اللغة العربية مثل العرب اليوم؟ مستحيل! و لكن أحاول أن أفهم و استعمل كل كلمة جديدة أسمعها من المهاجرين العرب في الدانمرك أو من القنوات العربية في التليفزيون.

لا تنس – اللغة العربية مثل البحر، عميق جدا و لا نهاية لها.

بعد سنتين من الدراسة يستطيع دانيال الآن أن يتكلم مع الناس حينما يسافر في مجال العمل و لديه أصدقاء عرب الذي يقدرون تعبه في سبيل تعلم اللغة العربية و يقولون دائما له : "يا دانيال ـ أنت بطل!"

ما أصعب اللغة العربية!

درست اللغة العربية منذ سنوات طويلة ولكن على الرغم من دراستي و تعبي بها ما زلت أفكر و أقول لنفسي أحيانا – ما أصعب هذه اللغة الجميلة !

عندما كنت بنتا صغيرة تعلمت الحروف العربية و القراءة لكي أتعلم قراءة القرآن الكريم و حفظه. ولكن بعد فترة من حفظ الكلمات و الجمل تمنيت أن أفهمها عندما كنت أقرأها والحمد لله حصلت على أحسن فرصة لتعلم العربية تماما عندما انتقلت إلى العراق، التحقت بعد وصولي إلى بغداد مباشرة في معهد تعليم اللغة العربية حيث تعلمت الكلام باللغة العربية و قواعدها خلال ٣ سنوات دراسة على يد الأستاذ المحترم علي و غيره. كنت أدرس كثيرا – في الصباح مع الطلاب الآخرين من البلدان الغربية و في المساء مع الدبلوماسيين من السفارات المختلفة و بدأت أخرج إلى السوق و أتكلم مع

اللغة العربية ! و لا كلمة ! و كم يتمنى أن يتكلم مع الناس في البلدان التي يزورها من أجل أن يتعرف أكثر عليهم.

لذلك قرر دانيال بعد العطلة الصيفية أن يلتحق بالجامعة المفتوحة لكي يتعلم اللغة العربية مع مجموعة من الفرنسيين الآخرين، و لكن بعد أول مرة في الصف فهم دانيال أن اللغة العربية ليست سهلة : الحروف مختلفة عن الحروف اللاتينية و نطق الكلمات الجديدة بالعربية صعبة أيضاً. كان دانيال تعبان جدا عندما رجع إلى البيت و لكن في نفس الوقت قرر أن لا يتخلى عن دراسة هذه اللغة الغريبة.

و كان دانيال فعلا يجاهد في دراسة العربية و تعلم كثيرا من قراءة الكتب ومشاهدة الأخبار و الأفلام في القنوات العربية في التلفزيون و خلال الحوار بالعربية مع الزملاء و الزميلات من الجامعة، و الحمد الله نجح دانيال في امتحانه بعد السنة الأولى من الدراسة. و لكن على الرغم من ذلك سافر دانيال في إجازته الصيفية إلى مصر لكي يتعلم العربية أكثر في مدرسة صيفية في مدينة القاهرة.

كنت العب مع أصدقائي و كيف قضيت أيام دراستي جالسا أمام الشباك وأدرس المواضيع المختلفة عن التاريخ و السياسة.

كانت و ما زالت أمام البيت حديقة صغيرة حيث زرعت الورود الجميلة ذات الألوان المختلفة و توجد أيضا نافورة ماء صغيرة، وراء البيت كذلك حديقة ولكن هذه الحديقة كبيرة جدا و فيها مسبح للسباحة صغيرة و أشجار و ورود معطرة و جميلة، و أتذكر كيف كنا – أنا و إخوتي – نلعب في هذه الحديقة في أيام الصيف بينما والدي و والدتي يشربان القهوة تحت ظل الأشجار.

دانيال و اللغة العربية

دانيال هنسون رجل فرنسي ساكن في العاصمة الفرنسية باريس حيث يعمل مدير علاقات في شركة تجارية كبيرة تصدّر كمية كبيرة من البضائع إلى الشرق الأوسط، و لذلك يسافر دانيال أحيانا إلى المملكة السعودية العربية والكويت والأردن و غيرها في سبيل العمل و لكي يعلن عن بضاعة شركته. ولكن دانيال عنده مشكلة كبيرة و يعاني منها خلال سفرته إلى البلاد العربية فهو لا يتكلم

في اليوم التالي عاد الرجل الفقير إلى السوق و باع الملح كما فعل دائما ، و لكن في هذا اليوم سرق لص شرير الجرة السحرية و لم يعرف كلمة السر و لذلك زادت كمية الملح إلى أن غطت الأرض و لما أصبحت غرفة اللص مليئة بالملح خاف اللص خوفا شديدا و أخذ الجرة السحرية و ذهب إلى شاطيء البحر و رمى الجرة في البحر و منذ ذلك اليوم زاد الملح فيه و أصبح البحر مالحا.

بيتي الجميل

أنا محظوظ لأنني أملك بيتا جميلا جدا في قرية صغيرة و رائعة ، البيت كبير و قديم و لونه أبيض و رثته عن والدي ـ الله يرحمه ـ الذي بناه بعد زواجه من والدتي المرحومة. قضيت أيام طفولتي السعيدة كلها مع أسرتي في هذا البيت الذي يحتوي على أحسن و أجمل الذكريات من طفولتي و أيام شبابي.

البيت طابقان و يتكون من ٨ غرف و مطبخ و حمامين ، في الطابق الأول غرفة استقبال كبيرة و مكتب و غرفة نوم صغيرة للضيوف و حمام ، و في الطابق الثاني غرفة معيشة (صالون) واسعة و المطبخ و ٤ غرف نوم و حمام. المكتب كان غرفتي عندما كنت ولدا صغيرا و حينما أجلس فيه اليوم أتذكر كيف

البحر و الملح

هل تعرف كيف أصبح ماء البحر مالحا؟

كان يا ما كان في قديم الزمان رجل فقير وجد جرة سحرية مليئة بالملح، فذهب الرجل فرحا بحظه إلى السوق و باع الملح و لما فرغت الجرة عاد الرجل الفقير إلى بيته و في جيبه الربح من الملح.

اليوم التالي استيقظ الرجل الفقير صباحا مبكرا واندهش عندما أخذ الجرة بين يديه وهي مليئة بالملح، لبس الرجل الفقير و ذهب بسرعة إلى السوق لكي يبيع الملح، و لما فرغت الجرة عاد الرجل الفقير إلى بيته و في جيبه الربح من الملح.

وكان الرجل يذهب إلى السوق كل يوم صباحا و يبيع الملح و عنما تفرغ الجرة يعود الرجل إلى بيته. ذات يوم كان الرجل الفقير مريضا ولا يستطيع الذهاب إلى السوق ولكن كانت الجرة مليئة بالملح و زادت كمية الملح إلى أن غطت الأرض. كان الرجل غير راض على ذلك و قرر أن يجد كلمة سر توقف زيادة الملح.

فصول السنة

في السنة أربعة فصول هي الصيف و الخريف و الشتاء و الربيع و هي جميعا مفيدة للإنسان و لكل دوره في الحياة. ففصل الصيف هو فصل الراحة والسباحة تحت أشعة الشمس الدافئة و التمتع بالعطلة الصيفية على سواحل البحر أو في الجبال العالية حيث البرودة و الانتعاش بعيدا عن حرارة الشمس مع النسمات الباردة التي تهب من بين الجبال و الوديان. و الصيف جمال وعطر و ثمار تتفتح فيه الأزهار و تنضج الفواكه و تقطف فيه الأعناب و يخزن التين مع الزبيب و اللوز و يحصد القمح و الشعير.

أما فصل الخريف فتختفي فيه أشعة الشمس وراء الغيوم و تذبل الأزهار وتصفر فيه أوراق الأشجار وتتساقط و تهاجر فيه الطيور و يبرد فيه الطقس قليلا و يتساقط فيه المطر بغزارة. و في فصل الشتاء يلمع البرق و يقصف الرعد و تهب العواصف والرياح و الشتاء فصل الخير و البركات تهطل فيه الأمطار و الثلوج فتحيي الأرض و يشتد البرد فيرتدي الناس الملابس الصوفية السميكة و يقصر النهار ويطول الليل. و في فصل الربيع تلبس الطبيعة الثوب الأخضر الجميل و تتفتح فيه الأزهار كل شيء يضحك في الربيع و يبتسم فالنبات ينمو و الأشجار تورق و تزهر فكل شيء يشعر بالحياة ليت الزمان كله ربيع.

جحا و الأرنب

يوما ما جاء فلاح إلى بيت جحا و أعطاه أرنبا هدية. ففرح جحا كثيرا و طلب من زوجته أن تطبخ الأرنب و استدعى الفلاح لأكل الأرنب معه. و بعد أسبوع رجع الفلاح إلى بيت جحا وقال لجحا: "أنا الفلاح الذي أعطاك الأرنب في الأسبوع الماضي". فاستقبل جحا الفلاح و دعاه إلى العشاء مرة أخرى.

بعد أسبوعين جاء أربعة فلاحين إلى بيت جحا و قالوا: "نحن جيران الفلاح الذي أعطاك الأرنب". فاستقبلهم جحا و دعاهم إلى الأكل معه.

بعد أسابيع أخرى جاء ثمانية فلاحين إلى بيت جحا و قالوا: "نحن جيران جيران الفلاح الذي أعطاك الأرنب". فاستقبلهم جحا و دعاهم إلى الأكل معه. طلب جحا من زوجته أن تحضر طبقا كبيرا مملوءا بماء ساخن، فوضع جحا الطبق أمام الضيوف. اندهش الفلاحون و قالوا: "ما هذا يا جحا؟"

فقال جحا: "هذا مرق الأرنب يا جيران جيران الفلاح الذي أعطاني الأرنب".

بالوحدة بعد موت يونس و نحن مشغولان معظم الوقت، و لكني أحب عملي كثيرا. أنا أستمتع جدا بقراءة الأدب فهو هوايتي المفضلة و سوف أحصل على منحة لدراسة الدكتوراه من الجامعة لأتخصص في الأدب المقارن.

أنا أريد أن أكون امرأة فرحانة، أما في الحقيقة أشعر بان الحياة مع توماس أصبحت صعبة جدا بعد موت يونس. بالإضافة إلى سفره للعمل في نيويورك، يذهب إلى النادي ليلعب الشطرنج مع أصدقائه في الإجازة... نحن لا نفطر معا و لا نتناول الغداء معا. هو دائما مشغول...مشغول... هل يعرف امرأة أخرى في نيويورك؟ و لماذا أترك عملي؟ لماذا لا يترك هو عمله؟ لم أكن أعرف أن رجلا أمريكيا يمكن أن يفكر بهذه الطريقة !

ماذا أفعل؟ هل أعود إلى مصر؟ إن أصعب قرار في حياتي كان زواجي بتوماس و انتقالي إلى أمريكا، و لكن قرار العودة إلى مصر سيكون أصعب كثيرا. إن ابن عمي لم يتزوج إلى الآن و هو ما زال يحبني، و لكن في رأيي إن مستقبلي في عملي و في حصولي على الدكتوراه. يمكنني أن أترك توماس و لكن...لا... لن أترك أمريكا و لن أترك ابني أنس... و لن أترك عملي. الحمد لله أنا لا أشعر بالغربة هنا. أنا أتكلم اللغة الانجليزية جيدا و لي أصدقاء عرب وأمريكيون و سوف يساعدونني دائما ....الحمد لله.

الحياة مع زوجي أصبحت صعبة جدا

أنا اسمي ليلى دسوقي و أنا من أصل مصري. زوجي أمريكي و اسمه توماس. تعرفت عليه عندما كان يدرس في القاهرة فهو متخصص في الدراسات العربية و كان يدرس اللغة العربية هناك حيث كنت مدرّسته. قبل أن أتعرف على توماس خطبت لابن عمي و لكنني أحببت توماس فتركت ابن عمي و سافرت مع توماس إلى أمريكا حيث تزوجنا.

نسكن في مدينة واشنطن و كان لنا ولدان – يونس و أنس، و لكن يونس الله يرحمه مات في العام الماضي بعد أن أصبح مريضا جدا بسبب البرد، أما أنس فهو بخير و الحمد لله و هو الآن في الصف الثاني بالمدرسة الابتدائية.

توماس يدرّس الثقافة العربية في جامعة نيويورك و لذلك فهو يسافر إلى هناك أربعة أيام في الأسبوع و لكنه يبقى معنا في واشنطن في إجازة نهاية الأسبوع، أما أنا فأعمل في المركز الثقافي للشرق الأوسط هنا في واشنطن. و عملي هو تدريس اللغة العربية. أدرّس أربعة أيام في الأسبوع و لكني أدرّس يوم السبت أيضا، ولكن توماس لا يحب هذا و يريدني أن أبقى معه و مع أنس في الإجازة، وهو يريدني أن أترك عملي و أبقى في البيت لأن أنس يشعر

الميلاد. ولذلك أطبخ أنواع من الأكلات اللذيذة خلال أسبوع واحد و عملت جدولا شهريا عن الأكلات التي أطبخها لكي لا أطبخ نفس الأكل مرتين في شهر، واشتريت كتبا كثيرة عن الأكل و تحضيرها و زوجي و صديقاتي يقولون دائما بأنني فنانة على مستوى بيكاسو في المطبخ.

جحا و حفلة الأمير

كان جحا يوما يمشي في الشارع لا يبالي بأحد و فجأة بدأ أطفال الحي يرجمونه بالحجر. فلم يعرف جحا ما يفعل. هل يهرب أو يرد على الأطفال بالحجارة ؟ ففكر جحا في فكرة وقال للأطفال: "إذا توقفتم عن الرمي بالحجارة سأخبركم بشيء مسر". فقال الأطفال: "ما هو هذا الشيء المسر؟". فقال جحا إن الأمير يقيم حفلة كبيرة، و هناك حلويات عديدة و متنوعة لكل الناس.

توقف الأطفال عن الرمي بالحجارة و ذهبوا يجرون بسرعة إلى قصر الأمير. لما رأى جحا الأطفال يجرون بدأ يفكر قليلا وقال في نفسه: "ممكن أنا على حق!" فصار جحا يجري كذلك وراء الأطفال إلى قصر الأمير.

ما أحسن الطبخ!

اسمي ليلى و أنا امرأة أمريكية من أصل عراقي، أسكن مع زوجي و أطفالنا الأربعة و أم زوجي و أبو زوجي في بيت كبير في مدينة نيويورك. زوجي أستاذ في جامعة نيو يورك و لذلك مشغول دائما خارج البيت لكن أنا... – أنا ربة بيت و هوايتي المفضلة هي الطبخ و أحب أن أتفنن عندما أطبخ لأسرتي وغيرها.

أسرتي تحب الأكلات الشرقية و لكن ذوق أولادي يختلف عن ذوق زوجي الذي يفضل الأكلات العراقية بينما الأطفال يحبون الأكلات اللبنانية و أم زوجي و أبو زوجي يحبان الأكلات العراقية التقليدية فقط! أنا – الحمد الله – أكل كل شيء و لا يهمني "جنسية" الأكل، و لكن بصورة عامة العراقيون وأنا واحدة منهم يحبون الدولمى و الرز مع المرقة و البرياني و السمك المسقوف.

بالأضافة إلى طبخ الأكلات المختلفة و اللذيذة أحب كذلك أن أعمل الحلويات العربية و الغربية. من الحلويات العربية أحب زنود الست و الكنافة و أم علي، و من الحلويات الغربية أفضل كريم الكراميل و البسكويت و كعك عيد

السعودية. كان سامي أستاذا في الجامعة و لكن وجد عملاً جيداً في السعودية، و لذلك ترك الجامعة و سافر إلى هناك. سامي يزورنا في القاهرة مرة أو مرتين في السنة.

ابني سمير يعيش في بريطانيا بعيداً عني و هو يشعر بالغربة هناك. كان يريد أن يرجع إلى مصر بعد أن انتهى من دراسته و حصل على الدكتوراه، و لكن زوجته إليزابيث شجعته على البقاء في بلدها... لماذا تزوجها؟ لماذا لم يتزوج بنتا مصرية؟ و لكن ذلك أصبح قصة قديمة الآن.

منذ ثلاث سنوات ماتت زوجة ابني أحمد – الله يرحمها – و أصبحت حياته صعبة، و لذلك قررت أن أنتقل و أعيش معه و مع أولاده. عادل هو أكبر أولاد ابني أحمد. و أنا أوقظه كل يوم في الساعة السادسة و النصف ليفطر معنا، فأنا أحب أن يفطر كل أفراد الأسرة معا، خاصةً وأن أحمد وعادل لا يعودان إلى البيت لتناول الغداء معنا – أنا و الأولاد. عادل لم ينجح في الامتحان هذه السنة لأنه لا يذاكر دائماً، و هو يحب سباق السيارات كثيراً و يريد أن يصبح مثل مايكل شوماخر في المستقبل، لكني أتمنى أن يصبح عادل دكتورا و أن يتزوج بعد التخرج، يتزوج بنتاً مصرية... نعم مصرية.

كرة القدم و الفئران

كان رجل من الرجال له مشكلة كبيرة. المشكلة هي أحلامه فكل ليلة كان يحلم نفس الحلم. كان فريقان من الفئران يلعبان في أحلامه مباراة كرة القدم و لكل فريق لون خاص به و كل يوم فريقان مختلفان يلعبان بألوان مختلفة. ذهب الرجل إلى الطبيب و حدثه عن مشكلته فقال له الطبيب: "ستنام هنا هذه الليلة و سأراقبك و إذا كان الحلم صحيحا فعندي دواء لك وبعد شربها سيختفي الحلم". فأعطاه الطبيب الدواء و قال له: "خذ الدواء في الليل و لن تحلم أي شيء". كان الرجل ينظر للطبيب قائلا بخجل: "لا! ليس اليوم - غداً إنشاء الله!" سأله الطبيب: "لماذا ليس اليوم"؟ أجاب الرجل: "لأن اليوم المباراة النهائية".

كنت صغيرة عندما تزوجت

اسمي حنان حسين. كنت صغيرة عندما تزوجت، و انقطعت عن الدراسة بعد المدرسة الإعدادية. كان زوجي – الله يرحمه – يعمل في وزارة التعليم حيث كان مديراً لمكتب الوزير. لي أربعة أولاد كلهم تزوجوا و استقروا؛ ابنتي سامية وأسرتها يزورونني دائماً، أما ابني سامي و أسرته فيعيشون في

مع بعض بينما نتبادل الأخبار الشخصية و على الرغم من أنها تتكلم اللهجة العراقية و أنا اللهجة الفلسطينية نفهم بعضنا البعض.

أنا و سعادة عندنا برنامج خاص لكل أسبوع إلا ليوم السبت و الأحد حيث تقضي سعادة وقتها مع أسرتها، فيوم الاثنين نذهب عادة إلى نادي الرياضة بعد العمل و هناك نلتقي مع صديقاتنا لكي نقوم بتمارين الرياضة ساعتين أو ثلاثة، يوم الثلاثاء نجتمع مع زميلاتنا من المدرسة في بيتي عصرا و نناقش التدريس و مشاكلنا اليومية في المدرسة و بعد ذلك نطبخ الأكلات العربية ونتعشى مع بعض، في يوم الأربعاء أنا و سعادة نذهب معا إلى المسبح للسباحة في الليل و نقضي ساعتين نسبح في الماء الدافئ لكي ننسى التعب من المدرسة، يوم الخميس نتناول الفطور مع بعض في بيتي لأن دوامنا في المدرسة يبدأ متأخرا و يوم الجمعة نذهب إلى السوق لنشتري ما نحتاج للبيت و نتعشى في مطعم من المطاعم العربية.

كما ترى أقضي كثيرا من وقتي مع صديقتي سعادة و أشعر أنها مثل أختي، هي الصديقة المثالية بالنسبة لي لأنها تفهمني و تقدر شعوري وهي كذلك وفية و أمينة و تحب المساعدة و التعاون. يا ترى! هل سنبقى هكذا طول حياتنا؟

على غلط". فذهب الرجل إلى بيته مسرورا. و بعد وقت قليل جاء الأخ الثاني عند جحا، وبعد أن حكى قصته على جحا سأله من الذي على حق. ففكر جحا قليلا و قال: "أنت على حق و أخوك على غلط". فرجع الأخ الثاني إلى بيته مسرورا أيضا.

في نفس الوقت كانت زوجة جحا تسمع ما قال جحا فقالت متعجبة: "كيف تعطي يا جحا الحق للأخوين، هذا غير معقول". فرد عليها جحا: "نعم يا زوجتي العزيزة – أنت على حق و أنا على غلط".

صديقتي المفضلة

صديقتي المفضلة اسمها سعادة و هي تسكن قرب بيتي و تعمل معلمة في مدرسة ابتدائية صغيرة مثلي، أعرف سعادة منذ طفولتي حيث درسنا في نفس المدرسة، المدرسة التي ندرّس فيها اليوم، و درسنا بعد الثانوية العامة في دار المعلمات ٤ سنوات في نفس الصف.

سعادة دانمركية من أصل عراقي و أنا دانمركية من أصل فلسطيني و لذلك نتكلم بالعربية و بالدانمركية عندما نلتقي في المدرسة أو في البيت لنشرب قهوة

مع زميلاتها في الجامعة. تأكل فاطمة الغداء و العشاء في البيت مع أسرتها لأنها تعتبر أمها أحسن طباخة في العالم.

في أوقات الفراغ تحب فاطمة قراءة الروايات العربية و تبادل الرسائل الإلكترونية مع صديقاتها من خارج العراق، فلذلك فاطمة لا تنسى اللغة الإنجليزية، و لكن العلاقات الاجتماعية ليست في الإنترنت فقط – فاطمة اجتماعية جدا و لها صديقات كثيرات و يخرجن أحيانا مع بعض إلى المطعم أو النادي أو غيرها. و في السنة القادمة ستسافر فاطمة و صديقتها المفضلة إلى أوروبا في الإجازة الصيفية لكي تستمتع قليلا بعيدا عن البيئة الأكاديمية في الجامعة و ستزور صديقاتها الأوروبيات التي تعرفت عليهن من الإنترنت. سفرة سعيدة يا فاطمة !

جحا الحكيم

كان جحا معروفا في قريته بالحكمة و العدل. في القرية كان أخوان لم يتفقا على قضية فذهب أحدهما إلى جحا ليطلب رأيه. فعندما حكى قصته، سأل جحا من هو الذي على حق. فكر جحا قليلا و قال: "أنت على حق و أخوك

الأستاذة فاطمة

فاطمة الهيتي إمرأة عراقية ساكنة في مدينة بغداد مع والديها و أختها الصغيرة في شارع فلسطين قرب الجامعة المستنصرية حيث تدرّس فاطمة اللغة العربية و الأدب العربي المعاصر منذ ٦ سنوات.

تحمل فاطمة شهادة الماجيستير و تتمنى الحصول على الدكتوراه في المستقبل و لكن حاليا تدرّس فاطمة ٦ ساعات يوميا لكي تحصل على بعض الخبرة في التدريس، و الحمد لله طلاب فاطمة يحبونها كثيرا لأنها تشجعهم و تهتم بهم في دراستهم و لأنها تمزح معهم خلال الدرس حتى لا يشعروا بالملل، وعلاقتها مع الطلاب ليست عملية فقط فكل سنة قبل عيد الأضحى تدعو فاطمة بعض الطلاب إلى بيتها لتناقش دراستهم معهم و لتناول بعض الحلويات و المكسرات معهم.

تخرج فاطمة من البيت يوميا في الساعة الثامنة صباحا و تذهب إلى الجامعة مشيا، و في الطريق تدخل فاطمة عادة عند الخباز لتشتري بعض الخبز و بعد ذلك تدخل السوبر ماركت لتشتري القشطة و الدبس لأنها تتناول الفطور يوميا

أنا فرنسية من أصل تونسي

اسمي فاتن عبد الحميد و أنا فرنسية من أصل تونسي، أعيش مع والدي ووالدتي و إخوتي في مدينة باريس - عاصمة فرنسا - منذ طفولتي و الحمد لله أنا سعيدة هنا و أشعر كأية بنت فرنسية. والدي و والدتي يسافران إلى تونس كل سنة في الإجازة الصيفية لزيارة أقاربهما في مدينة القيروان. أنا وإخوتي لم نسافر معهما منذ ٥ سنوات بسبب دراستنا و لا أتذكر كثيرا عن تونس وأقاربنا هناك، و لكن هذه السنة سنسافر جميعا و سنقضي شهرين في تونس عند خالتي فاطمة و أسرتها. لقد فرحت كثيرا عندما سمعت بهذا الخبر وبدأت في الاستعداد للسفر واشتريت ملابس جديدة، و لكن غضب والدي ووالدتي و السبب هو ملابسي، والدي ووالدتي يسمحان لي بأن ألبس ما أريد كأية بنت فرنسية و لكن الآن يريدان مني أن ألبس كبنت تونسية عندما نصل تونس. و بالإضافة إلى ذلك قال والدي أنه لا يسمح لي بالخروج في مدينة القيروان إلا مع والدتي و خالتي أو مع بنات خالتي. و فوق هذه المشاكل كلها وصلت رسالة أمس من خالتي فاطمة تقول فيها أنها تريد أن تخطبني لابنها أحمد و أنا لم أشاهده و لا أعرفه! طبعا رفضت أي كلام مع والدي و والدتي عن هذا الموضوع لأنني في الحقيقة لا أرغب في الزواج ألآن وخاصة مع أحمد.

أنا موظف في فندق

مرحبا و أهلا و سهلا بكم! أنتم لا تعرفونني و لذلك سأقدم نفسي: اسمي عبد السلام، عمري ٢٦ سنة و أنا موظف الاستقبال في فندق كبير في مدينة بغداد، تخرجت من معهد السياحة و الفنادق منذ ٤ سنوات و عينت لحسن الحظ في هذا الفندق الأربع نجوم بعد أسبوع من التخرج. أحب عملي في قسم الاستقبال بالرغم أن يومي طويل وعملي متعب، سأكون واقفا على رجليّ طول النهار لأستقبل النزلاء مبتسما عند وصولهم إلى الفندق وأسجّل أسماءهم وعناوينهم في دفتر كبير بينما أتكلم معهم و أجاملهم. أعمل ستة أيام في الأسبوع من الساعة الثامنة صباحا إلى الساعة الرابعة بعد الظهر عندئذ أرجع إلى شقتي قرب الفندق لأرتاح قليلا قبل أن أخرج إلى نادي الرياضة حيث التقي مع أصدقائي لنلعب كرة القدم - هوايتي المفضلة، أحيانا نخرج مع بعض بعد اللعب و نتناول العشاء في مطعم أو نذهب إلى السينما لمشاهدة فيلم أجنبي جديد. أنا لست متزوجا حتى الآن... بصراحة كان عندي علاقة حب مؤلمة مع بنت أجنبية قبل سنتين و لكن انقطعت علاقتنا عندما رجعت إلى بلدها، بعد ذلك كان عندي تجارب عاطفية أخرى مع بنات من المعهد والفندق و لكن كانت هذه العلاقات سطحية فقط بالنسبة لي و أنا ما زلت أبحث عن الحب الحقيقي.

سعــادة من صنعاء

سعادة بنت صغيرة تعيش مع أسرتها في العاصمة اليمنية صنعاء والد سعادة موظف في وزارة التعليم و والدتها ربة بيت لسعادة ٤ إخوة و ٣ أخوات وسعادة أصغرهم.

مدينة صنعاء كبيرة جدا و تتكون من المدينة الجديدة و المدينة القديمة التراثية حيث تسكن سعادة مع أسرتها في بيت قديم مصنوع من الطين و الخشب سعادة و أسرتها يفضلون السكن في هذه المنطقة لأن والد سعادة و عائلته نشأوا فيها و لذلك بسبب جمال البيوت التقليدية و الدكاكين المتعددة.

كل يوم بعد المدرسة تلعب سعادة و صديقاتها في الشارع أمام البيت و أحيانا السياح يتجولون في المدينة القديمة و ينظرون بإعجاب إلى جمال البيوت والبضاعة الغريبة بالنسبة لهم في الدكاكين و عندما يرون سعادة و صديقاتها في الشارع يبتسمون و يسلمون عليهن و سعادة تبتسم و تسلم على السياح مفتخرة.

رسالة إلى الوالدين

اليمن / صنعاء في ١ ٢ ٢٠٠٦

أبي العزيز – أمي العزيزة

تسلمتُ رسالتكما منذ يومين و فرحتُ بها كثيرا لأنّي أحب أن أعرف أخبار عائلتي. فألف شكر لكما. طلبتما منّي أن أكتب لكما عن تفاصيل حياتي في صنعاء. سأفعل ذلك بكل سرور. إنّي أدرس كثيرا لأنّ اللغة العربية صعبة قليلا بالنسبة لي. لا يكفي أن نتعلمها في غرفة الصف و لكن نسمع الدروس الصوتية في الجامعة أيضا. و الآن بدأت أتكلم هذه اللغة الجديدة مع اليمنيين. تناولتُ أطعمة يمنية لذيذة مثل بنت الصحن و العصيد و السمك وغيرها. تجولتُ مع أصدقائي في مدينة صنعاء و في أسواقها. صنعاء مدينة كبيرة و جميلة. ربما سأسافر إلى عدن في عطلة العيد مع زملائي من الجامعة. لا تنسيا أنْ تبعثا لي رسالة طويلة تحتوي على صورتيكما.

ابنتكما ليلى

حياتي في الدانمرك

اسمي فاطمة محمد و أنا دانمركية من أصل مغربي. أنا قرّرتُ البقاء في الدانمرك منذ ١٠ سنوات عندما وصلت إليه بسبب حُبي لرجل دانمركي اسمه جون. تعرّفت على زوجي في المغرب خلال العطلة الصيفية حيث درس اللغة العربية في مركز اللغة العربية في مدينة فاس حيث أسكن مع والدي ووالدتي.

أنا أعمل الآن سكرتيرة في شركة دانمركية كبيرة كل يوم من الصباح إلى الساعة الواحدة بعد الظهر، و في المساء أدرس اللغة الانجليزية في مدرسة مسائية.

عندي صديقات من الدانمرك وعندي صديقات من أصل عربي و أحسن صديقة بالنسبة لي هي ليلى محمد التي تعرفت عليها في المدرسة المسائية. هي دانمركية من أصل جزائري و هي أيضا متزوجة من رجل دانمركي، أنا أتكلم معها كل يوم في التلفون و سأسافر معها إلى الجزائر في العطلة الصيفية إن شاء الله و زوجي سيسافر إلى المغرب لدراسة اللغة العربية.

يوم في حياة صبري

يستيقظ صبري من النوم في الساعة السابعة صباحا و يدخل الحمام و هو نعسان ليستحم قبل أن ينزل إلى المطبخ ليتناول الفطور مع زوجته الجميلة هدى، بعد الفطور يقرأ صبري جريدته المفضلة "القدس" و يستمع إلى الأخبار في الإذاعة و يدخن سيجارة قبل أن يخرج من البيت و يذهب إلى عمله في البنك الوطني بالأوتوبيس. يدخل صبري البنك يوميا في الساعة الثامنة والنصف بالضبط و يعمل حتى الساعة الثالثة عصرا بعد الدوام يلتقي صبري مع صديقه عبد الكريم في نادي الرياضة حيث يلعبان كرة السلة ساعتين أو ثلاثة.

صبري لا يحب عمله في البنك – كل يوم نفس الروتين و نفس المشاكل مع الزبائن أو مع السيد المدير، و لكن من الصعب أن يحصل على وظيفة أخرى وزوجته لا تعمل – هي ربة بيت. يتعشى صبري دائما في البيت مع زوجته لأنها طباخة ممتازة و يستمتعان بعد العشاء بمشاهدة المسلسلات العربية في التلفيزيون بينما يشربان الشاي، في الساعة العاشرة والنصف ينام صبري ولكن زوجته تقرأ قليلا في كتاب لأنها تحب القراءة.

الجزء الثاني

عبد الكريم و أسرته

عبد الكريم و زوجته فاطمة وأطفالهما أسرة سعيدة جدا، تعيش الأسرة في بيت كبير في مدينة عمان العاصمة الأردنية. عبد الكريم يعمل موظفا في وزارة العمل، هو مسؤول في قسم الحسابات، و فاطمة تعمل موظفة في شركة أردنية كبيرة، هي متخصصة في اللغة الانجليزية و الكمبيوتر. يخرج عبد الكريم كل يوم من البيت في الساعة الثامنة صباحا و يذهب إلي عمله بسيارته، و فاطمة تخرج من البيت في الساعة التاسعة ثم تركب الأوتوبيس الذي يقف قريبا من البيت.

كان عبد الكريم و فاطمة فعلا مشغولين في الماضي و ما كان عندهم وقت لزيارة أقاربهما أو للخروج معا أو مع أطفالهما إلى المطعم أو السينما. و لكن بعد سنوات أصبح عبد الكريم يشعر بالإرهاق و رفض أن يذهب إلى عمله وأصبحت العلاقة بين عبد الكريم و فاطمة غير جيدة. كانت فاطمة تفكر كثيرا و قررت أنْ تسافر مع عبد الكريم إلى مكان بعيد عن العمل و الإرهاق، وبفضل الله و مساعدة فاطمة رجع عبد الكريم إلى العمل و لكنه يعمل قليلا الآن و يخرج كثيرا مع أسرته التي أصبحت أهم شيء في حياته.

غرفة مكتبي

اسمي راغب طباع وأنا أستاذ في الأدب العربي في الجامعة الأردنية. مكتبي في كلية الآداب في الجامعة الأردنية. في غرفة مكتبي طاولة و كرسي و لوح ومكتبة لكتبي الأدبية ، عندي أيضا هاتف في مكتبي ، هاتفي على الطاولة لكن ليس عندي حاسوب في المكتب ، حقيبتي على الأرض بجانب الطاولة.

رحلة أحمد

أحمد يعمل موظفا في بنك اليمن في مدينة صنعاء، الآن هو في الأوتوبيس لأنه سيسافر إلى حضر موت في جنوب اليمن للعمل. هو يجلس بجانب السيدة أروى و هي من مدينة حضر موت. هي ترجع إلى مدينتها بعد أن زارت أقاربها في مدينة صنعاء. أروى و أحمد يتكلمان عن اليمن و عن الفرق بين المدن الجنوبية و الشمالية. أحمد يذهب إلى حضر موت لأول مرة للعمل هناك. أروى كانت في مدينة صنعاء لزيارة أقاربها وصنعاء أعجبتها وأحبت الصنعانيين.

مدينتي

أنا أسكن في الطابق الثامن في بناية سكنية في مدينة كبيرة حيث أشعر براحة كبيرة. أنا أحب الحياة في المدينة وعندما أخرج من البيت أسمع صوت السيارات و أتمشى فرحاناً في الشوارع وأنظر إلى المحلات المختلفة. في المدينة يوجد كل ما يحتاج الإنسان إليها مثل السينمات و السيارات و المطاعم و النوادي و المستشفيات كل شي موجود. كل يوم صباحا أذهب إلى عملي الشوارع مزدحمة و عندما أرجع مساءً كذلك. فالمدينة لا تنام أبدا.

هوايتي المفضلة

هوايتي المفضلة منذ طفولتي هي القراءة. تعلمت القراءة في مطبخ جدتي قبل دخولي المدرسة الابتدائية، و في الصف الثالث و الرابع كنت أقرأ قصص الأطفال. اليوم أقرأ القصص الرومانسية و الاجتماعية و الكتب التاريخية والسياسية بالإضافة إلى الصحف و المجلات المختلفة. اشتري كل شهر كتاباً جديداً لمكتبتي في البيت، و في نهاية الأسبوع أجلس في غرفتي وأقرأ لأنسى العالم حولي و أحلم أنني في عالم خاص.

قالت الأم: "يا ابني – شيكسبير كان كاتبا عظيما في إنجلترا منذ وقت طويل."

قال الابن: "يا أمي – أين شيكسبير ألآن؟"

قالت الأم: "يا ابني الصغير – لقد مات شيكسبير منذ ٣٠٠ سنة."

مشت المرأة و ابنها قليلا و رأى الابن تمثالا آخر و قال: "يا أمي – لمن هذا التمثال؟"

قالت الأم: "يا ابني الصغير – هذا تمثال لضابط كبير في الجيش مات منذ ٥٠ سنة."

قال الطفل: "أبي ضابط كبير في الجيش – لماذا ليس له تمثال"

قالت الأم: "يا ابني الصغير – التماثيل لأشخاص ميتين فقط. بابا ما زال حياً. "

بعد ذلك رأي الطفل تمثالا كبيرا جدا فقال لأمه: لمن هذا التمثال؟

قالت أمه: "هذا ليس تمثالا لشخص – هذا تمثال الحرية. "

قال الابن: "متى ماتت الحرية ؟؟؟"

مكتبة. يذاكر كل دروس الأسبوع و في المساء يكتب رسالة إلى أبيه ثم يقرأ الجريدة و المجلة. أحياناً يخرج حكيم مع أصدقائه من الجامعة في المساء يوم السبت و يوم الأحد يحب أن يلعب كرة القدم في النادي.

وفاة الحرية!

في يوم من الأيام كانت امرأة تتمشى في الحديقة العامة وسط المدينة مع ابنها الذي رأى تمثالا فقال لأمه: "يا أمي – ما هذا؟"

قالت الأم: "يا ابني الصغير– هذا تمثال شخص مهم في التاريخ."

قال الابن: "وهذا تمثال من يا أمي؟"

قالت الأم: "هذا تمثال الرحالة كولومبس الذي اكتشف أمريكا."

قال الابن: "يا أمي – أين كولومبس ألآن؟"

قالت الأم: "يا ابني – لقد مات كولومبس منذ وقت طويل."

بعد فترة قصيرة رأى الابن تمثالا آخر و قال: "يا أمي – و لمن هذا التمثال؟"

قالت الأم: "يا ابني – هذا تمثال لشيكسبير."

قال الابن: "من هو شيكسبير؟"

جميل يحب المدرسة

جميل طالب في المدرسة الابتدائية في الصف الأول، و هو يحب مدرسته كثيراً و يذهب فخوراً إليها كل يوم صباحاً بباص المدرسة الخاصة مع الأطفال الآخرين. في المدرسة يتعلم القراءة و الكتابة و الرياضيات و أحيانا تطلب المعلمة من جميل أن يقوم و يكتب حرفاً أو كلمة على السبورة بخطه الجميل. التلاميذ في المدرسة كثيرون و يلعب و يتكلم جميل معهم في الاستراحة، أحياناً يلعبون كرة القدم و جميل يحب هذا اللعب كثيراً و يخيل إليه إنه قبطان مشهور في الفريق الوطني. والد جميل يقول أن المدرسة مفيدة و يجلس كل مساء و يذاكر مع جميل الذي ينظر إلى والده و يفكر: "إنشاء الله سأكون ذكياً و شاطراً في المستقبل مثل والدي!"

حكيم – طالب من الأردن

حكيم طالب من الأردن. يقيم الآن في لندن و يسكن في السكن الداخلي للطلاب. يستيقظ كل يوم في الساعة السابعة صباحا. يذهب يوم الاثنين والثلاثاء و الأربعاء و الخميس و الجمعة إلى الجامعة. تبدأ دروسه في الساعة الثامنة و النصف و تنتهي في الواحدة. يعمل حكيم يوم السبت صباحا في

رسالة إلى صديق

صديقي جون

السلام عليكم. كيف الحال؟

أنا بخير و الحمد لله. وصلت إلى صنعاء عاصمة اليمن في فصل الشتاء. و الجو هنا بارد في الليل، لكن ليس أبرد من بريطانيا، وفي النهار يكون معتدلا. أنا الآن أدرس اللغة العربية أربع ساعات في اليوم. و في إجازة نهاية الأسبوع أزور مناطق قريبة من مدينة صنعاء، مثل كوكبان و شبام و ثلا.

أسكن في بيت قديم و جميل في صنعاء القديمة مع زملاء من بريطانيا و إيطاليا و أريدك أن تزورني أثناء إجازتك، إذا زرت اليمن سترى مدنا كثيرة و أسواقا قديمة، مثل سوق الملح في صنعاء و سترى أيضا أسواقا أسبوعية كثيرة مثل سوق الجمعة في بيت الفقيه. إن شاء الله أراك قريبا.

صديقك / ريتشارد. ٢٠٠٠/٧/٢٨ م.

بعض الأصدقاء هي تعرفهم من المعهد الذي تدرس فيه. هي و أصدقاءها يتكلمون عن أشياء كثيرة و يشربون القهوة و يلعبون الشطرنج. في الليل تذهب لينا إلى بيتها للنوم. لينا تحب سورية ولكن في بعض الأحيان هي وحيدة و حزينة قليلاً وتفكر كثيراً بأسرتها.

يوم الجمعة عند سعيد

يستيقظ سعيد مبكرا يوم الجمعة في السادسة صباحا، يصلي صلاة الصبح ويقرأ القرآن الكريم و بعد ذلك في الساعة التاسعة يتناول الفطور مع عائلته. بعد الفطور يقرأ سعيد الجريدة و يدخن سيجارة قبل أن يذهب إلى الحمام في السوق ليغتسل بالماء و الصابون، بعد ذلك يذهب مع والده و إخوته إلى الجامع الكبير لصلاة الجمعة و في الجامع يستمع إلى خطبة الإمام ثم يصلي الجمعة. في العصر يزور سعيد أصدقاءه و يلعب معهم كرة السلة في نادي الطلاب قرب الجامعة. بعد صلاة المغرب يجلس سعيد مع العائلة في الحديقة أمام البيت و يتناول بعض العصير و الشاي معهم. في المساء يذاكر سعيد دروسه ثم يشاهد التلفزيون . ينام سعيد يوم الجمعة متأخرا في الحادية عشرة ليلا.

كلبي الصغير

منذ ٤ سنوات أملك كلبا أسودا صغيرا إسمه توبي و هو أصبح أحسن صديق في العالم بالنسبة لي. هو لا يطلب شيئاً مني إلاّ اهتمامي و لا يناقشني بالمشاكل اليومية أو السياسية. يستقبلني فرحاناً أمام باب البيت عندما أرجع مساء تعباناً من العمل. وبعد العشاء عندما أشاهد الأخبار في التلفزيون ينام توبي مرتاحاً بجانبي. أمشي مع توبي كل يوم في الحديقة العامة قرب بيتي، و نلعب بكرة صغيرة. هل عندك كلب؟ إذن تفهم ما أقصد عندما أقول أن توبي جزء مهم من حياتي.

لينا في سورية

لينا طالبة اللغة العربية في جامعة نيويورك و هذه السنة تسافر إلى سورية لدراسة اللغة العربية هناك. تسكن لينا في مدينة دمشق. دمشق مدينة جميلة جداً. فيها المدينة القديمة والمدينة الجديدة. لينا تدرس في الصباح و بعد الظهر تذهب إلى المدينة القديمة و تتكلم اللغة العربية مع الناس. بعد ذلك تذهب إلى المدينة الجديدة و تأكل في مطعم هناك. في المساء تذهب لينا إلى

ماذا سأدرس في المستقبل؟

أنا طالبة في السنة الثانية من الثانوية العامة. والدي أستاذ و يدرّس الحقوق في الجامعة و يريد مني أن أدرس الحقوق في المستقبل. هو يقول دائما: "يا بنتي إيمان – الحقوق لها مستقبل و أنا المثال على ذلك!" و لكن والدتي تقول: "يا بنتي إيمان – أُدرسي ماذا تريدين أنت و ليس ما يريد والدك!"

أنا أستاذة

أنا أستاذة في الجامعة حيث أدرّس اللغة العربية و علم الاجتماع منذ ٦ سنوات. أنا لست متزوجة و ما عندي أطفال و لذلك أسكن وحدي في شقة صغيرة قرب الجامعة. أحب وظيفتي و طلابي و زملائي كثيرا و لذلك باب مكتبي دائما مفتوح، و الطلاب يزورونني في المكتب و يتكلمون معي عن مشاكلهم و أحلامهم، و زملائي يزورونني و نشرب القهوة بينما نتكلم عن العمل. كل يوم بعد التدريس أرجع إلى بيتي تعبانة جدا، و أجلس و أقرأ الجريدة و أشرب القهوة وأقول في نفسي: الحمد لله على كل شيء في حياتي.

محمد يحب القراءة

محمد في السادسة عشرة من عمره وهو طالب في الثانوية العامة، محمد يحب قراءة القصص و خاصة القصص البوليسية، والد محمد لا يريده أن يقرأ أي كتاب قبل أن يقرأه هو أولا. هو يقول لمحمد: "لماذا لا تقرأ الكتب التاريخية و الدينية؟" و لكن محمد يحب قراءة القصص البوليسية.

سميرة القطامي – بنت عربية من مصر

سميرة القطامي بنت عربية من مدينة القاهرة في مصر، هي طالبة في جامعة القاهرة في كلية الآداب حيث تدرس اللغة الانكليزية. تحب سميرة دراسة اللغة الانكليزية و هي تذهب كل يوم إلى مكتبة الجامعة بعد الظهر لتقرأ الصحف الانكليزية. تسكن سميرة مع عائلتها في القاهرة في بيت كبيرو جديد. سميرة بنت جميلة، هي ليست طويلة و ليست قصيرة، لكن أختها الصغيرة عائشة طويلة. لسميرة أختان و أخوان، أختاها دانة و عائشة في المدرسة الثانوية، أخوها الصغير حسن في الصف العاشر الثانوي و أخوها الكبير حسين يسكن في الكويت الآن حيث يعمل في شركة مصرية.

أخي فعلاً مجنون

اسمي كمال إبراهيم. أنا أسكن في الإسكندرية. الإسكندرية مدينة مصرية. وهي مدينة جميلة جدا وأنا أحبها. عندي أخ وأُخت. أُختي تسكن في الإسكندرية أيضاً، و أخي يسكن في القاهرة. القاهرة هي اكبر مدينة في مصر. أنا لا أُحب القاهرة. هي كبيرة جداً وفيها سُكان كثيرون وسيارات كثيرة. أخي يقول: "القاهرة أجمل من الإسكندرية". هو فعلاً مجنون.

أنا خجولة!

أنا بنت أمريكية من أصل يمني و عندي مشكلة كبيرة – أنا خجولة جدا! بسبب الخجل ما عندي صديقات في المدرسة و لا أتكلم في الصف إلا إذا سألتني المعلمة و لا أحب أن أخرج إلى أي مكان وحدي بل أفضل أن أخرج مع والدي أو والدتي فقط. و لكن عندما أدخل غرفتي أفتح الكمبيوتر و أتبادل الرسائل الإلكترونية مع كثير من الناس و بدون خجل، خلال الإنترنت تعرفت على بنات و أولاد من كل العالم و لا أشعر بالخجل نهائيا!

رسالة من نيويورك

أختي الغالية فاطمة

تحية حُبّ و شوق أبعثها إليك.

وصلت إلى أمريكا قبل شهر. أكتب إليك من مدينة نيويورك الجميلة. أعيش مع صديقاتي الأمريكيات في بيت كبير بجانب الكلية. ندرس معا، و نتحدث اللغة الانجليزية. أنا دائما مشغولة و لكن ذهبنا الأسبوع الماضي إلى منطقة "منهاتن" و بناية "إمبير ستات" و اليوم ذهبنا إلى جزيرة اسمها "لونج أيلاند".
أنا بخير، الحمد لله، و أتمنى أن تكوني بخير.

أخيرا، سلامي إلى أبي و أمي و صديقاتي.

نيويورك ٢/٥/٢٠٠٥

أختك العزيزة - مريم

صديقي عمر

عندي صديق اسمه عمر و هو صديقي المفضل. أعرف عمر من الحي الذي أسكن فيه و هو صديقي منذ طفولتي، نتكلم مع بعض يوميا في الجامعة أو في التليفون وأتكلم معه عن كل شيء لأنه يفهمني أكثر من أي شخص آخر. نخرج أحيانا إلى السينما أو إلى المطعم، و كذلك نجلس أحيانا في البيت أمام التلفيزيون ونشاهد الأفلام الأجنبية.

أحمد العبيدي

اسمي أحمد العبيدي. أنا من فلسطين و أسكن الآن في الدانمرك في مدينة كوبنهاجن. أنا متخصص في الترجمة من و إلى اللغة الدانمركية والعربية، زوجتي منال أستاذة في الجامعة حيث تدرّس اللغة العربية. أنا مشغول دائما، و زوجتي مشغولة أيضا بالعمل في النهار و بواجبات الطلاب في المساء. لي أخ اسمه كمال يسكن في بريطانيا في مدينة لندن حيث يعمل موظف في شركة. ولي أخت اسمها سوسن، تسكن في بريطانيا أيضاً في مدينة صغيرة حيث تعمل سكرتيرة في شركة صغيرة.

صديقتي فاطمة

اسمي جبريالا و أنا طالبة من ألمانيا. لي صديقة، اسمها فاطمة. أعرفها من الجامعة. أنا أدرس اللغة العربية وهي تدرس اللغة الانجليزية. سافرت مع فاطمة إلى مصر حيث تسكن عائلتها: والدها محمود و والدتها إيمان و أخوها حسن و أختها حنان. زوج فاطمة اسمه بيتر. هو ألماني و لهذا تسكن فاطمة في ألمانيا الآن. فاطمة تتكلم اللغة الألمانية جيداً جداً و تتكلم اللغة الانجليزية أيضاً. و لكن أتكلم معها باللغة العربية فقط.

أخي يحب اللغات

اسمي حسن. أنا مصري. أسكن مع أسرتي في مدينة القاهرة. لي أخ. اسمه نبيل. هو طالب في الجامعة حيث يدرس علم اللغات. هو يتكلم لغات كثيرة: العربية والإنجليزية والفرنسية والألمانية   ويدرس اللغة اللاتينية أيضاً. أنا لا أحب اللغات. أنا أحب الكمبيوتر. أعمل بالكمبيوتر في النهار و في المساء. ولكن لغة الكمبيوتر هي اللغة الانجليزية. لهذا أدرس اللغة الانجليزية في الجامعة الأمريكية في المساء.

أنا صباح

اسمي صباح و أنا أمريكية من أصل عراقي. أسكن في مدينة لوس أنجلس في بيت كبير و جديد مع والدي و والدتي و أخي الكبير و أختي الصغيرة. أنا طالبة في الجامعة أدرس فيها اللغة العربية. أستاذتي اسمها نادية و هي من أصل مصري. عندي صديقة، اسمها ليلى. والدها من المغرب ووالدتها أمريكية. هي تدرس في الجامعة أيضاً.

أنا و والدي و والدتي

أنا اسمي صوفية. أنا فرنسية، أسكن في مدينة باريس. أدرس اللغة العربية في الجامعة. والدي تونسي. هو كاتب باللغة العربية و يعمل في البيت. والدتي فرنسية. تعمل سكرتيرة في بنك اسمه "كريديت أغريكول". هي دائماً مشغولة، بعمل في البنك في النهار وبشغل البيت في المساء. والدي أيضاً مشغول بالعمل في مكتبه. و أنا؟ – أنا في الجامعة في النهار و أدرس في البيت في المساء – أنا أيضاً مشغولة.

الجزء الأول

أنا و أنت

أنا اسمي مُنى محمود. أدرس الأدب العربي في الجامعة الأمريكية في بيروت. والدي يعمل في نفس الجامعة. هو أستاذ في اللغة الفرنسية. أسكن في بيروت في منطقة "الحِكمة".

و أنت؟ ما اسمك؟ أين تسكن؟ وماذا تعمل؟

وحيد في بيروت

أنا محمود. أنا من ليبيا من مدينة طرابلس. أسكن الآن في لبنان في مدينة بيروت. أعمل في الجامعة حيث أُدرّس العُلوم السياسية. أسرتي زوجتي و أولادي، و والدي و والدتي أيضاً في طرابلس. أنا هنا في بيروت للعمل فقط. أنا مشغول دائماً في النهار. ولكن في المساء أنا فعلاً وحيد.

جني بدون حظ	٥٣
ربما في وقت آخر	٥٥
الدانمرك	٥٧
رمضان	٥٩
حفلات تقليدية في الدانمرك ١ : ليلة مورتن المقدس	٦٠
حفلات تقليدية في الدانمرك ٢ : ليلة عيد الميلاد	٦١
مدينة البصرة	٦٣
الشاطر حسن	٦٥
رسالة من لبنان	٦٨
العراق	٧٠
أنا رحالة	٧٢
ذكريات مهاجر	٧٤
من يوميات معلم في الريف	٧٥
يوم في حياتي	٧٧
عناوين الإنترنيت	٧٩

مقدمة و توجيهات باللغة الدانمركية

المحتوى

الأستاذة فاطمة	٣٠
جحا الحكيم	٣١
صديقتي المفضلة	٣٢
كرة القدم و الفئران	٣٤
كنت صغيرة عندما تزوجت	٣٤
ما أحسن الطبخ!	٣٦
جحا و حفلة الأمير	٣٧
الحياة مع زوجي أصبحت صعبة جدا	٣٨
جحا و الأرنب	٤٠
فصول السنة	٤١
البحر و الملح	٤٢
بيتي الجميل	٤٣
دانيال و اللغة العربية	٤٤
ما أصعب اللغة العربية!	٤٦

الجزء الثالث ٤٩

الحب	٤٩
المملكة المغربية	٥٠

لينا في سورية	١٥
يوم الجمعة عند سعيد	١٦
رسالة إلى صديق	١٧
جميل يحب المدرسة	١٨
حكيم طالب من الأردن	١٨
وفاة الحرية !	١٩
مدينتي	٢١
هوايتي المفضلة	٢١
غرفة مكتبي	٢٢
رحلة أحمد	٢٢
الجزء الثاني	٢٣
عبد الكريم و أسرته	٢٣
يوم في حياة صبري	٢٤
حياتي في الدانمرك	٢٥
سعادة من صنعاء	٢٧
أنا موظف في فندق	٢٨
أنا فرنسية من أصل تونسي	٢٩

المحتوى

الجزء الأول ٧

أنا و أنت ٧

وحيد في بيروت ٧

أنا صباح ٨

أنا و والدي و والدتي ٨

صديقتي فاطمة ٩

أخي يحب اللغات ٩

صديقي عمر ١٠

أحمد العبيدي ١٠

رسالة من نيويورك.. ١١

أخي فعلاً مجنون.. ١٢

أنا خجولة ! ١٢

محمد يحب القراءة.. ١٣

سميرة القطامي – بنت عربية من مصر.. ١٣

ماذا سأدرس في المستقبل؟.. ١٤

أنا أستاذة ١٤

كلبي الصغير ١٥

إقرأ العربية

نصوص القراءة
لطلاب اللغة العربية لكل المستويات

جونا فوندر هانسن
صالحة ماريا فتاح